Mit tatkräftiger Unterstützung durch meine liebe Ehefrau!

Herbert Alt

Z
U
KREUZE
F
A
H
R
E
N
...

an Norwegens Küste

ein Reisebericht voller Höhen und Tiefen
in einer sagenhaft schönen Landschaft

Bibliografische Information der Deutschen Nationalbibliothek:

Die Deutsche Nationalbibliothek verzeichnet diese Publikation in der Deutschen Nationalbibliografie; detaillierte bibliografische Daten sind im Internet über http://dnb.dnb.de abrufbar.

1. Auflage 2017/12

Herstellung und Verlag: BoD – Books on Demand, Norderstedt

ISBN 9-783746-036014

Was ist eine Kreuzfahrt?

Unsere letzte Schiffsreise ist schon lange her; 1984 kreuzten wir im östlichen Mittelmeer. Das war der erste größere Urlaub, den wir uns nach der Geburt unseres Sohnes gegönnt haben. Ein Jahr musste er alt sein, bevor wir ihn gänzlich der Obhut seiner Großeltern überlassen wollten. Das war es, was wir uns vorgenommen und dann auch eingehalten hatten.

Anschließend kam die Zeit der Arbeit. Neben Häusle bauen und Kind erziehen war nicht viel Zeit, um größere Reisen zu wagen. Klar, kleinere Fahrten waren schon drin. Sowohl die Zeit wie auch die Finanzen gaben grünes Licht für Zelturlaube oder gar Autoreisen ins europäische Ausland, letztere oft verbunden mit einer meiner Geschäftsreisen. So wurde auch unser Sohnemann schon mit knapp einem Jahr den Härten eines schottischen Winters ausgesetzt, und mit zwei Jahren wuchs er sechs Monate lang in den USA auf. Aber so richtig Urlaub war das zumindest für mich nicht! Meine Frau und ich hatten unsere Jobs, mit denen wir Kind, Haus und Leben finanzierten.

Kommt Zeit, kommt ~~Rat~~ Zeit! Will sagen: nach wenigen, einigen, mehreren, nein eigentlich nach gefühlt seeeehr vielen Jahren konnten wir uns nun die Freiheit nehmen, mal wieder etwas zu planen, wovon wir schon lange geträumt hatten, es aber aus oben erwähnten Gründen immer verdrängt hatten: eine Schiffsreise.

Der Gedanke daran hatte uns nie losgelassen. Auch bei den Urlaubsfahrten genossen wir die wenigen Stunden auf Fähren nach Großbritannien oder Irland, und sogar die kurzen Momente einer kleinen Dampferfahrt auf dem Ammersee waren richtig toll. Aber kann man das schon eine Kreuzfahrt nennen? Kreuzen auf dem Ammersee? Na ja, für Binnenkapitäne mag das noch angehen, aber wer mal die Weite eines Meeres erlebt und die „richtige" Seeluft geschnuppert hat, den überzeugt das alles nicht! Sogar das Kreuzen des Ärmelkanals ist da bereits grenzwertig – obwohl es da auch schon hoch hergehen kann (siehe mein Erlebnisbericht im ersten Band „Zu Kreuze fahren", Kapitel „Dover sehen und sterben")!

Als Kreuzfahrt bezeichnet man eine Urlaubsreise auf einem Kreuzfahrtschiff, bei der entlang einer bestimmten Route verschiedene touristische Ziele angelaufen werden.[1]

---

[1] Seite „Kreuzfahrt". In: Wikipedia, Die freie Enzyklopädie. Bearbeitungsstand: 5. November 2017, 08:28 UTC. URL: https://de.wikipedia.org/w/index.php?title=Kreuzfahrt&oldid=170674443 (Abgerufen: 19. November 2017, 09:09 UTC)

Wikipedia zufolge brauchen wir also ein Kreuzfahrtschiff. Ohne weitere Zitate zu bemühen, definiere ich ein derartiges Schiff einfach als ein schwimmendes Hotel. Was zeichnet daher eine Kreuzfahrt aus:

- Ein Zimmer, Kabine genannt, in das ich mich zurückziehen kann; natürlich auch mit Zimmerservice.
- Ein angenehmes Restaurant mit guter Verpflegung die die Gefahr in sich birgt, mit „Übergepäck" nach Hause zurück zu kommen.
- Eine interessante Umgebung, die zu schönen und/oder bildenden Ausflügen verlockt.
- Und – Wikipedia zufolge – eine vorab definierte Reiseroute, die Interessenten zur Buchung veranlassen soll.

Da käme mal ein **Bananendampfer** in Frage. Die Preise für eine Passage sind günstig. Es gibt eine Kabine und eine festgelegte Route, zum Beispiel Brasilien-Hamburg. Aber nur Wasser, viel Wasser, und keine Ausflüge!

Dann gibt es **Linienschiffe**. Die fahren heute zwar selten, aber dennoch regelmäßig bestimmte Strecken, zum Beispiel Hamburg-New York. Die Preise sind horrend, dafür die Kabinen großzügig und das Essen angemessen. Aber wo bleiben die touristischen Ziele, mal abgesehen von der Endstation?

Und es gibt das immer schneller wachsende Angebot an reinen **Vergnügungsdampfern**, die die Bezeichnung

„Dampfer" eigentlich gar nicht mehr verdienen; es sind schon ganze Städte mit mehreren tausend „Einwohnern" und einer Spaß-Infrastruktur, die kaum eine Stadt auf dem Festland bieten kann – Las Vegas vielleicht ausgenommen. Diese Städte – pardon Schiffe – verkehren gerne in der Karibik und legen nur ausnahmsweise mal irgendwo an. Hier gilt wirklich die Redensart „der Weg ist das Ziel". Man zahlt nicht wenig für dieses High-Life, und von touristischen Ambitionen kann man gar nicht sprechen.

Nun denn, es gibt auch die klassischen **Kreuzfahrtschiffe**. Keine Zeitung oder Illustrierte, in der nicht diese Art Urlaub zu machen beworben wird. Hier treffen alle Bedingungen zu: Kabine je nach Geldbeutel, Restaurant der gehobenen Mittelklasse, eine festgelegte Route mit den anzusteuernden Häfen und dort eine Auswahl an Ausflügen. Dabei werden Schiffe in sehr unterschiedlichen Größen angeboten, von wenigen hundert Passagieren bis zu einigen tausend. Und gerade die großen Pötte haben nicht gerade meine Sympathie – und die meiner Frau schon gar nicht.

Ja, wenn es da nicht noch die **Linien-Versorgungs-Schiffe** gäbe! Die bekannteste Linie wird in Norwegen betrieben, die ‚Hurtigruten'. Ursprünglich als reine Versorgungsschiffe konzipiert, die die oft ausschließlich vom Meer aus zu erreichenden Siedlungen mit allem Lebensnotwendigen versorgten und dabei auch die Bewohner im Bedarfsfall zur Schule oder Arbeit, zum Arzt oder zum Einkaufen transportierten. Im Laufe der Zeit änderte sich aber der Schwerpunkt; nicht zuletzt mit dem weiteren Ausbau der Straßen und dem Interesse der Bildungshungrigen, die herrliche Landschaft an der norwegischen Küste kennenzulernen. Die Schiffe sind vom reinen Lastkahn in kleine Kreuzfahrtschiffe umfunktioniert und umgestaltet worden. Moderne Kabinen, ein reiches Essensangebot und vielfältige Ausflüge machen die Schiffe gerade für Kreuzfahrt-Neulinge interessant. Es gibt keine reinen Seetage, die für abenteuerlustige Reisende schnell langweilig werden könnten, und die 34 angesteuerten Häfen bieten unendlich viele Betätigungsmöglichkeiten. Das ist doch genau das Richtige für meine Frau und mich zum Wiederangewöhnen nach unserer langen Kreuzfahrt-Abstinenz!

Begleiten Sie uns daher auf dieser Reise und machen Sie sich auf viel Abwechslung und ganz unterschiedliche Erlebnisse gefasst, sowohl im negativen wie auch – und vor allem – im positiven Sinn…

Ihr Herbert Alt

Inhalt

Ja, ich will!

Sonntagnachmittag. Die übliche Zeit für einen kleinen Tee, den wir uns am letzten Tag der Woche regelmäßig gönnen. Am siebten Tag soll man ja schließlich ruhen! Meine Frau und ich sitzen am Esstisch, der Duft von Bergamotte-Öl unseres sonntäglichen Earl-Grey-Tees zieht durch den Raum. Und dazu das eine oder andere Stückchen Schokolade. Hmmm!

Ausnahmsweise haben wir mal keine schwerwiegenden Themen zu wälzen; die Großeltern sind noch Selbstversorger, der Sohn außer Haus, Haus und Garten soweit hergerichtet. Aber bevor die Stille unerträglich wird, kommt meine Frau doch noch auf ein Thema, das sie wohl schon eine ganze Weile bewegt: mein Geburtstag! „Na, da sind doch noch ein paar Monate hin!" gebe ich zu bedenken, denn eigentlich will ich nur in Ruhe meinen runden Geburtstag feiern. Außerdem ist erst Oktober, und bis März kann sich ja noch viel ändern – einige Ansatzpunkte für Veränderungen habe ich ja schon erwähnt.

Dass ich zum Sechzigsten Familie und Freunde einladen werde, ist klar. Das haben wir und die Freunde bei runden Festivitäten immer so gemacht. Bleiben nur die üblichen Fragen: welches Lokal ist geeignet und wer braucht eine Bleibe für ein oder zwei Nächte. Als ich anfange, diesbezüglich Vorschläge zu machen, unterbricht mich mein Gegenüber und meint zögerlich, eigentlich hätte sie an ein

Geschenk gedacht. Oh je, das musste ja mal kommen! Aber woher soll ich heute schon wissen, was mich in einem halben Jahr interessieren könnte? Hat das nicht noch etwas Zeit – so vielleicht fünf Monate?

„Weißt du – ", meine Gattin legt eine Kunstpause ein, „du wirst nicht oft 60!" Welche Überraschung! Langsam habe ich das Gefühl, da steckt doch ein größerer Plan dahinter!? „Und da habe ich mir gedacht, es sollte schon etwas Besonderes sein. Was wünscht du dir denn, was nicht so ganz alltäglich ist? Ich meine also keine Krawatte oder einen Essensgutschein bei Kerzenlicht – das könnten wir auch wieder zum 61-sten machen." Aha – sie will mich aushorchen! Aber so ganz unvorbereitet fallen mir nur die Dinge ein, die sich schon öfters bewährt haben. Also sage ich erst mal gar nichts. Dafür werfe ich den Ball zurück: „An welchen Rahmen hast du denn da gedacht? Meinst du etwas Materielles wie eine gute, und daher auch sehr teure Flasche irischen Whiskeys? Oder vielleicht was für uns Beide? Eine neue Couchgarnitur oder was Ähnliches?" Allerdings verwerfe ich selbst diese Ideen gleich wieder; **den** Whiskey würde ich wohl niemals trinken, und unsere Möbel sind eigentlich noch gut genug, wenn auch schon etwas in die Jahre gekommen.

„Nein, aber was hältst du von einer schönen Reise?" Hoppla, jetzt spielen wir ja auf einer ganz anderen Party! Eine Reise. Eine schöne dazu. Tja, eigentlich eine gute Idee; aber wie lässt sich das mit den üblichen Geburtstagsfeierlichkeiten zusammenbringen? „Typisch", bekomme ich sofort zu hören, „du denkst zuerst mal wieder an alle anderen. Denk doch mal an dich selbst! Und das heißt doch nicht, dass wir nicht das eine tun könnten ohne das andere auch nicht zu vernachlässigen?" Das waren etwas viele ‚nicht' auf einmal, aber ich habe den Sinn verstanden. Die Reise muss ja nicht über den Geburtstag gehen.

Aber, – und nein, ich will wirklich nicht negativ wirken – aber da kostet eine groß angelegte Geburtstagsfeier doch schon einiges, und dann auch noch eine „schöne" Urlaubsreise? Das strapaziert unser Konto aber ziemlich stark! Aber, - und das ist jetzt ein positives Aber – meine liebe Frau hat natürlich auch das schon angedacht: „Du weißt doch, wie schwer sich viele Gäste tun, ein passendes Geschenk für dich zu finden!?" Und damit hat sie selbstverständlich recht. Oft kamen die „Notlösungen" zum Zuge; eine Flasche Hochprozentiges, eine Essenseinladung oder eben nur ein Gutschein für dieses oder jenes Geschäft (in letzter Zeit auch mal ein Gutschein für ein Internet-Angebot). „Was meinst du, können wir nicht Teile der Reise den Gästen als Geschenk verkaufen? Eine Übernachtung vielleicht, oder die Kosten für ein paar Kilometer der Reise? Oder einen Eintritt? Da weiß dann jeder Schenker, was er konkret finanziert hat, und alle wissen, dass ihr Geschenk etwas sehr erwünschtes und damit sinnvolles ist."

Ich bewundere meine Frau und ihre Idee. Ehrlich! Ich habs kapiert: „Wir lassen uns eine Reise schenken – in Raten und von jedem Gast ein Stück – das ist genial!" – „Was heißt hier ‚wir'? Du hast doch Geburtstag und nicht ich!

Aber vielleicht suchst du ja eine Begleitung? Ich würde mich anbieten …" Was für eine Frage? Wenn schon, dann werden wir natürlich zusammen verreisen; auch wenn dadurch der eingehende Betrag durch zwei geteilt werden muss.

Wohin soll es dann gehen? Wir beantworten meine nicht ausgesprochene Frage fast synchron: „Eine Kreuzfahrt?" Wir lachen ob der gleichen Idee, und wir merken, dass wir uns wohl sehr gut gegenseitig kennen. Es dauert keine zehn Minuten, und wir sitzen vor dem Computerbildschirm und browsen durch die unendlichen Angebote. Und unsere Vorstellungen sind schnell konkret: kein Riesendampfer, möglichst in der Nähe (also ohne stundenlange Flugreise), maximal zwei Wochen, eine Gegend, die wir noch nicht kennen, und wichtiger als reine Seetage ist eine tolle Landschaft. Wer bietet das?

Es dauert nicht lange, und wir haben das Angebot auf **einen** Anbieter mit **einem** Fahrgebiet reduziert: die berühmten Hurtigruten mit ihren Schiffen, die entlang der norwegischen Küste von Hafen zu Hafen fahren. Schnell finden wir auf den Internetseiten die Termine und vor allem auch die Preise. „Wenn wir rund die Hälfte des Reisepreises durch Geschenke fremdfinanzieren könnten, dann ist sogar eine Rundreise von Bergen nach Hammerfest und zurück drin!" freue ich mich schon wie ein kleines Kind. „Von Bergen nach Kirkenes." korrigiert mich meine Gattin, und fügt hinzu: „Aber da gibt es auch Themenreisen, die dich interessieren könnten: zum Beispiel eine Reise unter dem Motto ‚Sterne und Polarlicht'!" Als kleiner Hobbyastronom werden meine Augen noch etwas größer, als ich die Beschreibung lese. Sie verkündet, dass ein professioneller Astronom als Lektor die Reise begleiten wird und mit großer Wahrscheinlichkeit das eindrucksvolle Polar- oder Nordlicht zu sehen sein wird. „Das ist ja wie zwei Fliegen mit einer Klappe!" bricht es aus mir heraus, und im Geiste habe ich die Reise schon gebucht.

„Wann?" Ein Wort, und meine Frau holt mich wieder auf den Boden der Tatsachen zurück. Ja, wann könnten wir fahren? Diese Themenreisen gibt es nur zu bestimmten Terminen. Klar, im Sommer ist die Chance auf Polarlichter gleich Null; dann geht die Sonne im hohen Norden ja gar nicht mehr unter. „Die Sterne-Reise gibt es zu verschiedenen Terminen noch bis Ende März." stellt sie sachlich fest. Und ich feiere Mitte März. Aber **vor** dem Geburtstag können wir wohl nicht fahren. Das wäre, wie Geburtstagsgeschenke schon ein paar Tage vor dem eigentlichen Festtag zu öffnen. Bleibt noch der letzte Termin.

Vor lauter Begeisterung haben wir gar nicht mehr an Geschenk-Alternativen gedacht. „Willst du denn das wirklich als Geburtstagsgeschenk haben? Dann kriegst du sonst aber nichts!" höre ich sie nach einer kurzen Pause sagen. Ich schaue sie beinahe entsetzt an und meine nur: „Ja, ich will!" Ich glaube, es ist erst das zweite Mal in meinem Leben, dass ich das so bestimmt gesagt habe. Dafür ist der Tee kalt geworden.

Wer die Wahl hat

Am nächsten Tag sitzen wir in unserem bewährten Reisebüro. Gibt es überhaupt noch Plätze zum bewussten Termin? „Gibt es!" verkündet unser Berater. Sogar auch noch
eine Auswahl an Kabinen. Wir entscheiden uns für eine
Steuerbordkabine mit einem echten Fenster statt der Bull-
augen-Kabinen in den untersten Schiffsdecks, so etwa in
der Mitte des Schiffs. Da die Fahrt ab Bergen und bis
Trondheim geht, müssen wir hin und zurück fliegen. Ok,
ist ja noch innerhalb Europas; die drei Stunden können wir
in der fliegenden Sardinenbüchse aushalten. Zum Glück
gehen die Flüge hinzu direkt, zurück über Oslo und von
und nach München. Also zumindest einmal ohne Umstei-
gen und ewiges Warten auf den Anschlussflug!

Ob wir gleich Ausflüge mitbuchen wollen? Ach herrje, daran haben wir noch gar nicht gedacht! In vielen Häfen werden begleitete Ausflüge, meist per Bus, angeboten. Als uns
der Mitarbeiter im Reisebüro die Auswahl vorlegt, würden
wir am liebsten zu jedem Angebot ‚Ja' sagen. Hier eine
Stadtführung, dort eine Rundfahrt, woanders eine Verkos-
tung landestypischer Spezialitäten … Es geht ja schon bei
der Anreise los, die eine Übernachtung in Bergen ein-
schließt; quasi zwischen Anflug und Ablegen. Eine Ortsführung sei inbegriffen, erfahren wir, aber wir könnten
auch schon früher anreisen und ein Vorprogramm genie-

ßen – gegen einen saftigen Aufpreis natürlich. Wir danken; so viele Gäste kommen denn auch nicht zum Geburtstag und wollen mir einen Reisezuschuss mitbringen.

Wir buchen also fünf Ausflüge, die uns besonders interessant scheinen. Natürlich mit einem Ausflug zum Nordkap und einer kleinen Überlandfahrt, damit wir auch etwas vom Land jenseits der Küste sehen werden. Außerdem können wir in jedem der 34 Häfen auf eigene Faust an Land gehen und die Umgebung erkunden. Wir sollten nur immer wieder rechtzeitig zurück an Bord sein, sonst würde die Sache teuer werden! „Manchmal kostet eine Taxifahrt von einem zum nächsten Hafen deutlich mehr als 100 Euro, da die Straßen oft einen gewaltigen Umweg machen müssen wegen der vielen langen Fjorde!" warnt uns der Reiseberater. Gesagt – gebucht.

Es dauert nur ein paar Tage, und in unserem Briefkasten liegt ein Schreiben mit der Buchungsbestätigung (prima!) und der Rechnung (weniger prima!). Na ja, es ist erst mal eine Anzahlung fällig, der Rest dann kurz vor der Abreise. Also werden wir wohl mal den Gesamtbetrag vorstrecken müssen, wenn auch auf zwei Raten, denn die zu erwartenden Geschenke kommen wohl erst am Tag des Geburtstags.

Happy Birthday

Die Vorbereitungen laufen! Meine Frau – nennen wir sie mal ‚Traudl‘, denn zufällig heißt sie auch so – hat mit den Einladungen ganz dezent auf meinen Geburtstagswunsch hingewiesen und gleich eine Auswahl an Geschenkmöglichkeiten beigelegt: ein Tag auf dem Schiff für die spendableren Gäste (Gesamtpreis der Reise ohne Ausflüge geteilt durch die 11 Tage), eine Stadtführung in Ålesund für die entferntere Bekanntschaft (das Schnäppchen ab 25 Euro) und noch allerlei Einfallsreiches, das sich preislich dazwischen bewegt. Natürlich liegt jedem Angebot auch eine kleine Landkarte bei, damit sich die Schenkenden etwas darunter vorstellen können. Und der Hinweis, dass ich gerade jene Etappe besonders genießen werde! Und das alles ganz unverbindlich, eigene Ideen sind selbstverständlich (un)möglich.

~.~

Wie so üblich, haben nahezu alle Eingeladenen zugesagt. Sie kommen, aber bringen sie auch die erwarteten Geschenke mit?

Heute ist es so weit. Die Gaststätte ist nett dekoriert. Das erste Auto fährt vor. Aha, die Verwandtschaft aus München! „Hallo lieber Herbert, herzlichen Glückwunsch" und das übliche Blahblah. „Und hier von uns zusammen ein kleiner Zuschuss für deine Wunschreise!" Wow – es

funktioniert! „Hallo Geburtstagskind! Viel Spaß am Nordkap!" tönt es von weiter hinten. Und etwas später: „Happy
Birthday am dritten Tag der Reise!"

Fast alle Gäste haben sich an die Empfehlungen gehalten.
Es sind mindestens 20 Beiträge eingegangen, genaueres
werden wir erst heute Abend herausfinden, wenn der Tru-
bel vorbei sein wird. Jetzt wird erst mal gefeiert!

Nach dem Kaffee machen sich die ersten Gäste auf den
Heimweg. Ältere Personen und die mit den weiteren Wegen geben damit ungewollt das Zeichen für den Aufbruch.
Eine halbe Stunde später steht auch der letzte Gast auf,
nicht ohne mir nochmal „Eine schöne Reise," zu wünschen, „und bringt viele schöne Fotos mit!"

Es wird Abend, und wir haben nebst einigen Flaschen Sekt
und Wein, viel Süßem und einem Blumenmeer eine ganze
Tasche voll Kuverts erst in unser Auto ein- und dann zuhause wieder ausgeladen.

Voller Spannung greifen wir nun zum Brieföffner, räumen
den Tisch ab und machen Inventur. „Von den Eltern kommen Hin- und Rückflüge!" jubelt meine Frau und zählt
mehrere Geldscheine auf den Tisch. „Ålesund ist ge-
bongt!" stelle ich fest, und halte dabei ein Stück Papier in
den Händen, einen Scheck – etwas, von dem ich geglaubt
habe, dass es das gar nicht mehr gibt. „Für uns beide." er-
gänze ich gleich. Das geht noch eine ganze Weile so weiter.

„Lass uns doch mal die Tagesbeiträge zusammenzählen!"
schlage ich vor, nachdem ich schon mehrere ‚Gutscheine'
dafür ausgepackt habe; einige mit Bargeld bestückt, andere mit ganz aktuellen Überweisungsbelegen. Und wieder ein Scheck. Voller Eifer haken wir Tagesetappe für
Tagesetappe ab.

Unser Fazit: über 80 Prozent der Reisekosten sind gedeckt! Hurra! Das heißt: ich reise kostenlos – schließlich
ist es mein Geburtstag –, und Traudl darf zu 30% mitfah-
ren, aber den Rest zahlen wir gerne selbst drauf.

Happy Birthday to me!

Packen wir's!

Der Geburtstagsrummel ist längst vorbei, und der Alltag könnte wieder einkehren – wenn da nicht der große Tag immer näher rücken würde! In einer knappen Woche startet unsere Kreuzfahrt. Sollten wir da nicht langsam ans Packen denken? Eigentlich haben wir uns schon in den letzten Wochen den Kopf darüber zerbrochen, was wir alles mitnehmen müssen. Für Unterkunft und Verpflegung wird ja an Bord gesorgt, also brauchen wir die gewohnten Selbstverpfleger-Utensilien nicht. Dosenöffner, Notproviant, Lein- und Handtücher können wir auf unserer Packliste für alle Gelegenheiten demnach getrost überspringen.

Brauchen wir wirklich unsere Gala-Uniformen? Also Cocktail- oder gar Abendkleid und dunklen Anzug für einen Kapitänsempfang? In den Reiseunterlagen, die ansonsten sehr ausführlich sind, steht nichts davon. „Wir empfehlen für Ihre Zeit an Bord legere, aber warme Kleidung. Auch in den Sommermonaten kann das Thermometer einstellige Temperaturen anzeigen." Die Gala fällt wohl aus, und damit auch das Packen der empfindlichen Kleidungsstücke. Und zudem fahren wir ja nicht im Sommer, sondern starten genau an der Grenze zwischen Winter und Frühling.

„Also ‚Zwiebeltechnik'!" stellt Traudl fest, und in Sachen Kleidung hat sie eigentlich immer Recht. Wir räumen unseren Kleiderschrank aus und legen mal alles, was nach bequem und nicht zu sommerlich aussieht auf die Betten. Jetzt haben wir einen guten Überblick und fangen an, das eine oder andere Kleidungsstück wieder wegzuräumen. „So, ich bin fertig!" posaune ich als erster hinaus und bin gespannt, was meine Frau zu meiner Auswahl sagt.

„Du willst wirklich die 11 Tage mit nur einer Hose unterwegs sein? Zwei Hemden sind ja wohl auch ein Witz! Soll ich etwa jeden zweiten Tag an Bord waschen??" Jetzt weiß ich, was sie dazu gesagt hat. „Es gibt angeblich eine Waschmaschine an Bord…" gebe ich kleinlaut zu bedenken. Und schwupp, schon habe ich meine drei ausgesuchten Unterhosen mit voller Wucht im Gesicht. „Reize mich nicht!" höre ich durch den Stoffhaufen hindurch.

Nun gut, Kompromisse gehören auch zu einer Ehe. Traudl holt einige Unterhosen für mich aus dem Schrank, legt noch ein paar Socken dazu, ebenso eine elegantere Hose als meine Jeans und auch noch ein paar Hemden. „Schließlich wollen wir an Bord ja auch im Restaurant mit anderen Leuten essen, und am Abend gibt es sicher irgendwo Tanz!" Dem Argument setze ich vorsichtshalber mal nichts entgegen. Mein Ölzeug bleibt zuhause („Wir gehen doch nicht auf Expedition!"), dafür darf mein warmer Anorak mit.

Schließlich sind unsere beiden Haufen fertig. Ihrer ist aber fast doppelt so groß wie meiner! Und auch Traudls Begründung ist nicht zu widerlegen: „Frauen frieren doch immer!" Eigentlich ein Allgemeinplatz, aber die immer kalten Hände und Füße meiner Frau haben mir schon sehr oft gezeigt, dass da wohl ein Fünkchen Wahrheit daran ist.

„Wer holt schon mal die Koffer aus dem Keller?" Das war natürlich an mich gerichtet, denn im Keller könnten ja ein paar Spinnen ihr Unwesen treiben und dort noch überwintern. Zwei schöne rote Koffer begleiten mich daraufhin vom Keller ins Schlafzimmer. Schön ist so eine Definitionssache, denn auf den letzten Reisen wurden sie schon ganz ‚schön' ramponiert; aber zumindest das Rot ist noch so knallig, dass wir unsere Koffer immer sofort aus anderen Gepäckstücken herausfinden können.

Allerdings stehen wir nun vor einem Problem: „Das passt doch niemals da hinein!" stellt sogar meine Frau fest, noch ehe sie überhaupt einen Versuch unternommen hat. Ich widerspreche nicht; es ist zu offensichtlich. Also werden unsere Kleiderhaufen nochmal genauestens unter die Lupe genommen. Da fliegt eine Bluse zurück in den Schrank, dort folgt einer der vier Damenpullover. Ich trenne mich vom fünften Paar Socken. „Der Rest muss aber mit!" denken und sagen wir wieder fast synchron.

Aber es ist hoffnungslos. Mindestens ein warmer Rock, ein dicker Pullover und verschiedener Krimskrams liegen noch immer neben den Koffern, und die haben wir auch nur mit vereinten Kräften zubekommen. Also muss noch eine Tasche her. Koffer wieder auf, und einige Kleinteile wandern nun von dort in die Reisetasche, die dann halt als Handgepäck mit auf Reisen gehen darf. In den nächsten

Tagen unterliegt der Inhalt unserer Koffer einer ständigen Fluktuation; dies kommt raus, das dafür rein…

Schließlich sind die Reißverschlüsse zugezogen und deren Laschen werden in den Zahlenschlössern verankert.

Wann geht es nun endlich los?

Wir streiken

Morgen wird es nun Ernst. Der Flughafentransfer ist be-
stellt, allerding schon zu nachtschlafender Zeit, denn unsere Maschine soll um 9 Uhr und 20 Minuten starten.

Wenn, ja wenn da nicht diese beunruhigenden Nachrich-
ten im Radio wären: Die Fluglotsen sollen morgen strei-
ken und ja, gerade auch in München. Ich klemme mich
schnellstens ans Telefon und kontaktiere den Reiseveran-
stalter, also die Hurtigruten-Hotline selbst. „Wir wissen
nichts von einem Streik! Kommen Sie wie geplant zum
Flughafen." Ja, was nun? Streik oder nicht Streik? In den
Medien ist es inzwischen überall zu hören: „Die meisten
Flugzeuge werden morgen am Boden bleiben." Aber wir
müssen doch nach Bergen!!

„Was sagt unser Reisebüro dazu?" – „Gute Idee!" erwi-
dere ich meiner schon etwas nervösen Gattin; schließlich
haben wir über das Reisebüro gebucht. Aber auch dort bekommen wir keine konkrete Auskunft.

Also, wie sollen wir das nun klären? Da kommt mir die
Idee: „Ich rufe mal die Fluggesellschaft an; die müssten
doch mehr wissen!" Und das tun sie auch. „Der Flug nach
Bergen ist sehr ungewiss, morgen wird fast ganz Deutschland von Fluglotsen bestreikt." heißt es dort. Und dann im
selben Gespräch: „Wenn Sie wollen, buche ich Sie auf einen Flug heute Abend um – für 200 Euro Aufpreis; allerdings nur bis Kopenhagen; morgen am späten Vormittag

geht es dann weiter nach Bergen." Kurze Denkpause meinerseits: ‚Wenn wir nicht rechtzeitig in Bergen sind, fährt unser Schiff ohne uns ab. Dann müssen wir weiterfliegen oder irgendwie nach Ålesund fahren. Was könnte das kosten? Wie organisieren wir das dann? „Ok, wir buchen um!" bestätige ich in den Hörer und bekomme die Info, dass unsere Buchung in Ordnung geht und wir bis heute Abend 18 Uhr einchecken müssen. Es ist halb 2 Uhr mittags.

„Wie kommen wir dann nach München? Und was ist mit unserem für morgen bestellten Flughafentaxi?" fragt mich Traudl, als ob ich schon eine Antwort auf alle möglichen Fragen parat hätte. Ich greife also wieder zum Telefon und wähle den Flughafentransfer. „… nein, nicht mehr morgen Früh, sondern heute Nachmittag … Flug wurde wegen des Streiks verlegt … müssen bis 18 Uhr am Flughafen sein … oh, Spitze! Danke." Ein Stein fällt mir vom Herzen.

Aber es lauert noch ein Felsbrocken: „Jetzt brauchen wir noch eine Bleibe für die Nacht in Kopenhagen!" entsetzt blickt mich meine Frau an, daran haben wir zunächst gar nicht gedacht; der Flug war bisher das Wichtigste. Die Nummer vom Reisebüro habe ich eingespeichert. Nach kurzer Erklärung verspricht der Reiseberater Hilfe. Er schickt eine E-Mail mit Hoteldaten. Und es dauert keine halbe Stunde, da klingelt, nein, nicht der Postmann, sondern das Postfach. ‚Hotel in Flughafennähe ist reserviert, bei Spätankunft liegt der Schlüssel irgendwo!?' Na also, jetzt sollte es passen.

~.~

Pünktlich um 17 Uhr steht unser Transfer vor der Türe. Koffer und Reisetasche einladen, einsteigen und losfahren. Wir atmen auf – hoffentlich geht das gut und der Streik beginnt wirklich erst morgen!

Aber es geht gut, trotz heftigem Verkehr sind wir rechtzeitig am Flugschalter, checken ein, verabschieden uns vorläufig von unseren Koffern, durchschreiten die Sicherheitskontrolle, in der mein Autoschlüssel ein Piepen auslöst (warum habe ich den überhaupt mitgenommen?) und warten auf den Aufruf.

Gut eineinhalb Stunden nach dem Abheben landen wir in Kopenhagen. Bis wir unsere Koffer haben vergeht nochmal fast eine Stunde. Nicht, weil das Ausladen so lange gedauert hat, sondern weil es erstaunlich viele rote Koffer gibt. Und da hatten wir geglaubt, dass wir unsere roten Koffer so leicht aus den Dutzenden schwarzer, dunkelblauer und brauner Gepäckstücke herausleuchten sehen werden! Wir sind wohl nicht die Einzigen, die diese Idee hatten, denn jetzt gibt es laufend Verwechslungen: roter Koffer runter vom Band – falsch – wieder rauf aufs Band. Das nächste Mal binden wir eine bunte Schleife um den Griff!

Aber jetzt zum Hotel! „Taxi!" Wir zeigen dem Taxifahrer den Ausdruck mit der Hoteladresse, denn eine sprachliche Verständigung ist kaum möglich; er spricht kein Englisch und nur wenige Worte deutsch, und wir kein dänisch. Aber er fährt los. Inzwischen ist es schon fast dunkel, und nach einer Platzrunde um den Flughafen (immer an der Wand lang…) sind wir anscheinend da. Der stumme Fahrer zeigt auf ein zweistöckiges Wohnhaus am Rande der Bebauung. Das soll das Hotel sein? Zumindest der Straßennamen stimmt. Wir bezahlen das Taxi, auf dem Taxameter steht ein Betrag in ‚dkr' – nur wie? Ob er Euros nimmt? ‚Nej, Danske kroner' ist die Antwort. Dänische Kronen haben wir nicht. Und von jetzt an spricht er gar kein Deutsch mehr. Also Kreditkarte? Er windet sich, aber schließlich sieht er ein, dass das immer noch besser ist als gar keine Bezahlung; sollte wohl eine Schwarzfahrt werden!?

Gut, dass wir das nicht schon bei der Abfahrt geklärt haben, sonst wären wir vielleicht doch noch zu einem Streik gekommen.

Zwischenstopp

Unser Hotel, vom Reisebüro heute Mittag innerhalb weniger Minuten gebucht, ist leer und verlassen. Die Eingangstüre lässt sich aber öffnen, das Licht geht automatisch an. „Hallo! Ist da wer?" Auch auf Englisch wird die Frage nicht beantwortet. Im Erdgeschoß ist sonst nirgends Licht, im ersten Stock auch nicht. Ringsum ist alles dunkel; die Dänen scheinen wohl schon sehr früh schlafen zu gehen!? „Da hängt eine Art Briefkasten an der Wand, und da sind Schlüssel drin!" ruft mir meine Frau von unten zu. Ok, dann ist das wohl das angekündigte Depot. Aber welchen Schlüssel sollen wir nehmen, immerhin sind hier drei Schlüssel mit je einer Nummer dran? Wir nehmen einen mit der Zahl 18. Aber keiner der Räume hier im Haus hat eine Nummer 18 an der Türe!

Schließlich gehen wir nochmal ins Freie und im Schein des Hauslichts fällt uns auf, dass es ein Nebengebäude gibt, an dem wir zuerst, wegen der Dunkelheit, achtlos vorbeigegangen sind. Und siehe da, an dessen erster Türe prangt die Nummer 18. Der Schlüssel passt, es öffnet sich eine Tür in einen Raum mit einem schön bezogenen Doppelbett, einem Nachttischchen und einem Stuhl. Das wars. Nein, einen Spiegel sehe ich noch, und es gibt eine schmale Türe in ein Minibadezimmer mit Klo, Waschbecken, Dusche und ein paar Handtüchern. Es ist bald 23 Uhr. Wir sind müde, aber auch noch hungrig. Ein paar

Kekse, die wir im Flughafen beim Warten auf unsere Koffer zu Lasten der Kreditkarte erstanden haben, sind unser opulentes Abendmahl. Dann fallen wir in die Betten.

~.~

Es ist hell draußen. Durch das Rollo fällt das Tageslicht nahezu ungehindert hindurch. Nach einer kurzen Toilette sehen wir uns nochmal im ‚Haupthaus' um und werden dort diesmal gleich an der Türe empfangen. Die Dame des Hauses spricht wenig Deutsch, aber gut Englisch und ist froh, dass wir mit dem Schlüssel klargekommen sind. Sie musste gestern nochmal weg und konnte uns leider nicht empfangen. Also ist sie doch nicht mit den Hühnern schlafen gegangen. Wir bekommen ein brauchbares Frühstück und klären ab, dass wir bis etwa 11 Uhr bleiben können, dann würde uns der Hausherr persönlich zum Flughafen bringen. Na, das ist doch ein Service!

„Wollen wir inzwischen die Umgebung erkunden?" fragt meine Frau, aber eigentlich ist es mehr eine Aufforderung. Ein Nein ist nicht vorgesehen, und ein bisschen neugierig bin ich auch, wo wir hier gelandet sind. Gestern bei Dunkelheit war nicht viel zu erkennen, aber heute lacht doch glatt die Sonne.

Tatsächlich beginnt gleich hinter dem Gärtchen des Hauses eine Wiese, und direkt dahinter der Strand – beziehungsweise das Ufer mit einem kleinen Hafen. Da wir uns langsam auf die maritime Umgebung einstellen wollen, betrachten wir die eindrucksvollen Jachten im Hafen und auch auf Trailern und Böcken an Land sehr genau. „Damit könnte ich mir auch einen tollen Urlaub vorstellen!" schwärme ich, und Traudl meint nur, ich solle auf dem Teppich bleiben. In der Ferne erblicken wir eine große Brücke. „Das ist die Øresund-Brücke." glänze ich ausnahmsweise mal, „Ist erst im Jahr 2000 eingeweiht worden." Internet sei Dank!

Ganz in der Nähe ragt auch eine kleine Festung vom Ufer ins Wasser hinein. Die müssen wir natürlich auch besteigen, aber außer einem schönen Ausblick auf den Øresund ist dort nichts zu finden.

Die Highlights des Küstenstreifens sind aber ein paar Trimmgeräte, stabil aus Stahl gebaut und ordentlich in Schuss. Arme und Beine bekommen gleich etwas zu tun, und fast vergessen wir auf die Uhr zu schauen. Aber zum Glück nur fast, denn nun drängt die Zeit doch etwas, denn unser Flieger wird wohl nicht auf uns warten.

Unser Hausherr hat bereits seinen Wagen vorgefahren, und zusammen mit einem anderen Gast, anscheinend einem Geschäftsreisenden, sind wir keine 15 Minuten später vor unserem Terminal.

Die Prozedur kennen wir schon von München: Ausweis vorzeigen, Gepäck aufgeben, Sicherheitskontrollen passieren und auf den Aufruf warten. Langsam stellt sich so etwas wie Routine ein. Auch diesmal ist unser Flieger pünktlich in der Luft.

Und schon stellt sich wieder ein mulmiges Gefühl ein: Eigentlich sollen wir am Flughafen in Bergen von einem Hurtigruten-Mitarbeiter empfangen werden. Woher sollen die denn wissen, mit welchem Flugzeug wir kommen, nach all dem Durcheinander wegen des deutschen Fluglotsenstreiks? Wie kommen wir zu unserem Hotel für die eine Nacht in Bergen, und welches Hotel überhaupt??

Bergen

Der Flug ist kurzweilig, nach einer Stunde lichtet sich die Wolkendecke und wir sehen hinunter auf – ja was ist das? Als wir in München und heute dann in Kopenhagen abgeflogen sind, war die Landschaft unter uns immer grau, braun und etwas grün. Jetzt ist sie weiß! Schnee? „Was denn sonst? Hier ist noch Winter, im hohen Norden!" belehrt mich meine liebe Gattin, die neben mir zwar keine so gute Sicht aus dem Fenster hat wie ich, aber ein kurzer Blick hat wohl schon gereicht. Tatsächlich, wir fliegen über eine Art Voralpenlandschaft, also eine hügelige Gegend und auf allen Kuppen liegt eine weiße Zuckerschicht. Nur die Täler sind noch etwas dunkler abgesetzt.

Die Wolken haben wir hinter oder über uns gelassen, denn wir setzen laut Durchsage zur Landung an. Unter uns tauchen jetzt kleine Orte auf, aber auch größere Wasserflächen. Und viele kleine Boote. Und im Wasser nahe dem Ufer einige runde Schwimmbecken. „Da sind viele Zuchtbecken für Fische!" erkläre ich Traudl, denn sie kann sie nicht sehen – sie sind zu steil unter uns.

Es rumpelt, das Fahrwerk wird ausgefahren. Der Boden kommt immer näher, und schon setzen wir auf. Wir sind endlich in Norwegen! Es ist halb Zwei, fast zu dieser Zeit wären wir auch angekommen, wenn wir den planmäßigen Flug heute Morgen ab München genommen hätten.

Die Auswahl an roten Gepäckstücken am Kofferband ist diesmal nicht so groß, denn wir sind mit einer deutlich kleineren Maschine von Kopenhagen hierhergekommen, so dass wir recht schnell unsere Koffer finden. Der Zoll will nichts von uns wissen, und so verlassen wir den Sperr- bereich ohne oder zumindest fast ohne Aufenthalt, denn eine kleine Toilettenpause muss sein.

Wohin jetzt? Die Frage beantwortet sich nahezu schlagar- tig von selbst: Nicht weit vor uns steht eine Dame mittle- ren Alters, die zielstrebig auf uns zukommt, sobald sie uns entdeckt hat. „Familie Alt?" fragt sie vorsichtig, und wir fragen uns, ob wir vielleicht ein Namensschild mit uns tra- gen. Wir bejahen, mehr fragend als zustimmend. Sie sei von Hurtigruten und hole die Fluggäste vom Flughafen ab, um sie in ihr Hotel zu bringen und alles andere zu bespre- chen. Auf unsere Frage, wie sie uns erkannt habe und wo- her sie wusste, dass wir mit dieser Maschine kommen, lä- chelt sie nur und erklärt: „Ich stehe schon eine ganze Weile am Flughafen und habe die Passgiere mehrerer Flüge ab- gefangen und in unserem Bus zum Hotel geschickt; ihr seid die Letzten auf meiner Liste." Vom Flugstreik habe sie gehört, und habe deshalb über die Fluggesellschaft er- fahren, dass wir schon gestern Abend abgeflogen sind. Da- her mussten wir nun mit einem Flug aus Kopenhagen kommen. Und wie hat sie uns erkannt? „Ihr ward die Ein- zigen, die nach Urlauber aussahen; die anderen waren ent- weder Geschäftsreisende oder Familien mit Kindern." So einfach ist das, wenn man mitdenkt...

Da wir nun zu Dritt eine ausgesprochene Minigruppe sind, haben wir keinen unternehmenseigenen Bus mehr am Terminal stehen wie sonst üblich, sondern wir fahren mit dem Linienbus in die Stadt. Angelika, wie sie sich vorstellt, bezahlt für uns mit, und wir sind nun endlich beruhigt, dass wir trotz des Wirbels um die Flüge nun wieder voll im Reiseprogramm sind.

Eine knappe Stunde später steigen wir im Zentrum von Bergen aus und ziehen unsere Koffer noch ein paar hundert Meter bis zum Hotel ‚Admiral' hinter uns her. Die Sonne scheint leicht verschleiert, aber es ist wärmer als wir befürchtet haben als wir die Schneeberge überflogen. Die erste inoffizielle Ortsführung auf dem Weg zum Hotel überrascht uns daher mit der Tatsache, dass Bergen mit rund 250 Regentagen im Jahr die regenreichste Großstadt Europas sei! Für heute macht das Wetter extra für uns eine Ausnahme. Das finden wir sehr anständig.

Im Hotel haben wir, dank der Hilfe von Angelika, schnell eingecheckt. Das ‚Admiral' ist nicht etwa **ein** Gebäude, sondern eine ganze Straßenzeile aus mehreren Häusern, die einfach mittels Durchbrüchen und mit Rampen oder ein, zwei Stufen miteinander verbunden worden sind. Unser Zimmer hat einen schönen Ausblick auf den regen kleinen Stadthafen und auf den geschäftigen Marktplatz am Ufer. Für den Rest des Tages haben wir frei, morgen Früh werden sich dann erstmals alle treffen, die diese Reise gebucht haben, um 9 Uhr 30 an der Hotelbar.

Nach einer kleinen Verschnaufpause treibt es uns aber wieder hinaus. Einerseits die Neugierde, andererseits das Bedürfnis, etwas in den Magen und in den Geldbeutel zu bekommen. „Wir brauchen einen Geldautomaten, damit wir uns etwas zum Essen kaufen können, und auf dem Schiff werden wir sicher auch Gelegenheiten zum Geldausgeben haben." Meine Frau stimmt dem voll inhaltlich zu, und so verlassen wir das Hotel wieder und gehen den gleichen Weg zurück, um an den Marktplatz zu kommen.

Dabei durchqueren wir den Fischmarkt, der gut geschützt in einer längeren Halle untergebracht ist. Zum Glück haben wir noch keine norwegischen Kronen, sonst kämen wir nicht so leicht an den Auslagen und Imbissständen vorbei. Am Marktplatz angekommen, begrüßen uns an den Ständen hunderte von Trollen in allen Größen mit ihren urigen Gestalten einschließlich Knollennasen und warten darauf, von Touristen mit nach Hause genommen zu werden. Auf der anderen Seite des Marktes entdecken wir schließlich einen Geldautomaten, der zum Glück auch englisch ‚spricht‘, unsere Kreditkarte ohne zu murren akzeptiert und ein paar hundert NOKs ausspuckt.

Mit diesem Schatz in der Tasche gibt es kein Halten mehr. In der nächsten Fischbude schlagen wir zu: Jeder bekommt ein riesiges Fischbrötchen mit dem ‚Fang des Tages und einem kleinen Salat‘, soweit wir es entziffern können.

Berg statt Meer

Satt. Die Besichtigungstour geht weiter, aber nun etwas langsamer; die Verdauung braucht auch Energie. Nur ein paar Meter, und wir stehen vor den ‚Fløibanen', einem Schrägaufzug zu einem Aussichtspunkt hoch über der Stadt. „Fahren ist besser als Laufen!" gebe ich als Weisheit von mir; meine Frau schüttelt nur den Kopf. Aber in Anbetracht der aufkommenden Nachmittagsmüdigkeit lässt sie sich schnell überreden.

Mit unserem eben erstandenen Geld lösen wir zwei Retour-Tickets und setzen uns in den Wagen, der wohl nur auf uns gewartet hat. Wir sind zwar nicht die Einzigen in diesem Zug, aber es gibt für jeden ein eigenes Abteil. Für unseren Wagen und den entgegenkommenden gibt es aber keine getrennten Gleise, und so passieren wir an einer Ausweichstelle den Gegenverkehr. Oben angekommen merken wir, dass dieser nicht sehr große Höhenunterschied aber schon einen Einfluss auf die Temperaturen hat. Uns fröstelt. „Gehen wir schnell in die Sonne!" fordert Traudl eindringlich, denn das schöne Wetter hält immer noch an.

Die Aussichtsterrasse ist sehr weitläufig, und die paar Leute stören sich nicht gegenseitig. Wir haben einen herrlichen Blick auf ganz Bergen und darüber hinaus. Meine Frau entdeckt zuerst unser Hotel direkt am Stadthafen. Ich halte dafür Ausschau nach dem Hafenterminal, von dem wir morgen per Schiff ablegen sollen. „Da, schau mal da rüber! Da liegt doch ein Hurtigrutenschiff!" Richtig, vor einem langgestreckten Gebäude in einem etwas weiter entfernten Hafen liegt ein Dampfer in den typischen Farben Norwegens rot, weiß und blau. Dank des Teles meiner Kamera kann ich sogar den Namen am Heck erkennen, die ‚Midnatsol'. Also nicht unser Schiff. „Unser Schiff kommt doch erst morgen an. Die Midnatsol wird aber schon heute Abend abfahren; jeden Abend ein anderes Schiff!" klärt mich meine Frau über etwas auf, was ich auch schon gewusst habe. Schließlich bereitet man sich auf so eine Reise etwas vor!

Durst! Wohl weniger der ‚Aufstieg' auf den Fløi als vielmehr die Fischbrötchen haben den Wunsch nach etwas Flüssigem angeregt. Zum Glück gibt es hier oben auch ein Lokal, und wir kaufen eine Flasche Wasser. Dass ich ein Wasser **mit** Sprudel haben wollte, können wir aber nicht vermitteln. Vielleicht hätten wir vorher doch etwas Norwegisch lernen sollen?! Egal, Hauptsache kalt und flüssig!

Etwas weiter südlich ragt der ‚Ulriken' mit seinen 643m noch deutlich höher über die Fjorde als wir es gerade sind. Auch dort geht eine Bahn hinauf. Aber die ist zu weit weg, dafür reicht unsere Zeit sicher nicht! Wir bestaunen noch die große Brücke, die sich über die Bucht von Bergen erstreckt und versuchen vergeblich, einen Blick auf das offene Meer zu erhaschen; die umliegenden Hügel sind wohl doch noch zu hoch oder wir zu niedrig.

Eigentlich lädt die Umgebung der Bergstation der Fløi-Bahn zu einer ausgedehnten Wanderung ein: alte knorrige Bäume, wie wir sie aus den oberen Regionen am Alpenrand kennen, leicht hügliges Gelände und schön angelegte Wanderwege. Aber nach einer sehr kleinen Runde fahren wir doch wieder ins Tal zurück. Wir wollen ja eigentlich die Stadt besichtigen; wandern können wir von zuhause aus auch.

Wir folgen der Fußgängerzone vom Marktplatz wieder leicht bergauf, bis wir zu einem Platz mit Grünanlage und Denkmälern kommen. Dabei passieren wir einen bunten Mix aus alten und modernen Geschäftshäusern. An den Denkmälern studieren wir die Inschriften: Edvard Grieg 1843-1907. Kennen wir, ein Komponist. Anders sieht es aus bei Ole Bull, 1810-1880. Angeblich auch ein Komponist, aber vor allem ein Violinist. Die moderneren Skulpturen tragen vorsichtshalber schon gar keine Namen; da soll man sicher selbst seiner Phantasie freien Lauf lassen.

Inzwischen kommen wir an einem anderen Hafen an. Es ist ein reiner Sporthafen, und hier liegen unzählige kleine und kleinste Bötchen; nett anzuschauen, aber aufs Meer würde ich mich damit nicht trauen. Aber ich bin ja auch kein Norweger! „Gehen wir zurück?!" War das eine Frage meiner Gattin oder eine Aufforderung? Statt einer Antwort mache ich auf dem Absatz kehrt, und finde mich bestätigt; es kommt keine Reklamation. Vorbei am Schifffahrtsdenkmal mit seinen lebensgroßen Bronzestatuen kommen wir wieder zum Marktplatz.

Auf der anderen Seite unseres kleinen Stadthafens erreichen wir den vermutlich bekanntesten Stadtteil Bergens,
das alte Hanseviertel ‚Bryggen' mit den ehemals deutschen Handelskontoren. „Da ist ja alles aus Holz! Und so
eng gebaut! Wenn es da mal brennt..." stellt meine Frau
ganz zutreffend fest, denn 1702 und 1955 hat es schon mal
verheerende Brände gegeben. (Wie schon erwähnt, man
bereitet sich ja etwas auf die Reise vor!)

Erst 1965 hat man sich wieder zum Aufbau der 62 meist
mehrstöckigen Häuser entschlossen; auch ein totaler Ab-
bruch des Viertels stand damals zur Debatte. Die Grundmauern sind jetzt zwar aus Stein und Beton, alle Fronten
und die übrigen Aufbauten wurden aber wieder originalgetreu hergestellt. „Schön bunt – jedes Haus in einer anderen Farbe und mit einer speziellen Türe." Das musste
auch so sein, weiß diesmal Traudl, denn es gab noch keine
Hausnummern, und irgendwie musste man ja seinen Eingang auch nach zwei, drei Schnäpschen wiederfinden!

Zurück zum Hotel sparen wir uns den Weg rund um den
Stadthafen. Wir haben eine kleine Personenfähre entdeckt,
die regelmäßig das Hafenbecken quert. Für einen kleinen
Fahrpreis kommen wir so zu unserer ersten Schifffahrt der
Reise, obwohl ich mir nicht so sicher bin, ob man das viel-
leicht 6m lange Vehikel schon als Schiff bezeichnen kann.

Zumindest sind wir so schnell in unserem Hotel, und unsere Füße freuen sich über eine Erholung ohne Schuhe.

Das große Willkommen

Heute soll es endlich losgehen! Gegen 20 Uhr 30 stechen wir in See – aber jetzt ist es erst 8 Uhr 30, und wir schwelgen an einem reichhaltigen Frühstücksbuffet. Eigentlich haben wir gut geschlafen, aber der Premium-Ausblick auf das hell erleuchtete Bergen von unserem Fenster aus hat uns doch noch länger wachgehalten. Sogar die ganze Strecke der Fløi-Bahn war in Kunstlicht getaucht, und wir konnten unseren Fußweg von gestern zu einem großen Teil in Gedanken nachvollziehen. Bei diesem Ausblick hat uns sogar die magere Supermarktkost geschmeckt, die wir vorsorglich auf dem Rückweg mitgenommen hatten.

„Wir sollten uns zur Bar aufmachen." empfehle ich meiner Gattin, die die zweite Schale Müsli mit Obstsalat verdrückt als ob es heute nichts mehr zu Essen gäbe.

Und so sind wir zwar pünktlich, aber auch die letzten, die sich in der Bar einfinden. Um diese Zeit ist dieser Hotelteil üblicherweise noch leer, und die Bar selbst ist auch mit Tüchern abgedeckt. In den bequemen Stühlen räkeln sich rund 20 Personen, meist Paare, aber auch welche mit größeren Kindern. Eine Großmutter scheint auch dabei zu sein.

„So, ich glaube, wir sind komplett. – Dann mal ein herzliches Willkommen, Mojn Mojn und Grüß Gott im Namen der Reederei Hurtigruten. Mein Name ist Angelika, und ich werde Sie auf der gesamten Reise ‚Sterne und Polar-licht' begleiten. Wir haben auch einen Lektor dabei, den treffen wir aber erst auf dem Schiff heute Abend.“

Ob wir gut geschlafen haben, will Angelika wissen, und sie freut sich, dass es doch alle rechtzeitig nach Bergen geschafft haben. Sie entschuldigt sich für die Unannehm-lichkeiten im Verlauf der Anreise, speziell wegen des Streiks. Eigentlich kann sie ja gar nichts dafür, und wir ha-ben die organisatorischen Aktivitäten inklusive zusätzli-cher Übernachtung schon fast vergessen, denn jetzt sind wir gespannt auf das, was vor uns liegt.

„Das Tagesprogramm für heute sieht folgende Punkte vor: jetzt gleich eine Führung durch das Hanseviertel und nach einer Mittagspause eine Stadtrundfahrt sowie einen klei-nen Abstecher zu einer wunderschönen Stabkirche. Wer nicht mit ins Hanseviertel will – wir gehen dabei etwa 2 Stunden – kann auch selbst was unternehmen. Auf jeden Fall werden wir komplett um 14 Uhr hier vom Bus abge-holt, der uns am Ende zum Schiff bringt.“

So weit ist für uns alles klar. Aber das Hanseviertel haben wir ja gestern schon erkundet. „Sollen wir uns das noch-mal ansehen?“ frage ich Traudl, und bekomme sofort eine einleuchtende Antwort: „Aber klar, dann erfahren wir si-cher mehr über das, was wir gesehen haben.“ Unser Ge-päck können wir in einem Abstellraum des Hotels lassen, denn bis 10 Uhr sollten alle Zimmer geräumt sein.

Alle Mitreisenden – oder zumindest die meisten – nehmen am Vormittagsprogramm teil; so genau kennen wir die anderen noch nicht. Wir werden am Ufer des Stadthafens entlang um die Bucht geführt und dabei auf einige große und etwas unförmige Schiffe vor dem Hafen hingewiesen. „Das sind Versorgungsschiffe für die Gas- und Ölbohrplattformen. Die haben einen besonders starken Bug, da sie bei jedem Wetter und auch bei Eis hinausfahren müssen!" Und schon hat sich der Ausflug gelohnt, wir haben etwas Neues gelernt.

In Bryggen angekommen zeigt uns Angelika einen Fischbrunnen und erzählt eine Geschichte dazu. Natürlich hören wir auch viel über die Brände, die sich ungehindert im Viertel ausbreiten konnten. Die Häuser stehen so nah beieinander, dass wir kaum den Himmel über uns sehen können. Nur zwischen den Kranvorbauten lugt noch etwas blau hindurch. Apropos blau. „Was haben Sie denn mit dem Wetter gemacht?" frage ich wieder, „Dem Reiseführer nach erwartet uns hier nur Regen?" Das stimme, denn erst gestern sei die ganze Stadt für uns frisch gewaschen worden.

Nach rund zwei Stunden sind wir wieder am Hotel angekommen und treiben uns nun noch zwei weitere Stunden in der Umgebung unserer Bleibe rum. Auch in diesem Ortsteil sind die Häuser meist aus Holz gebaut, und die Wege zwischen ihnen haben bestenfalls eine Autobreite. Da begegnet uns ein Schornsteinfeger auf dem Weg zu seiner Arbeit. „Das bringt Glück – sogar, wenn man nicht daran glaubt!" stellt Traudl fest, und das kann ja nur Glück für die Reise bedeuten. Uns fallen die typischen Kapitänshäuser mit ihren kleinen Anbauten auf, in denen die Familie gelebt hat, solange der Hausherr auf See war. Aber alles ist sehr sauber, und die vielen unterschiedlichen Briefkästen verlocken immer wieder zu Aufnahmen.

Das alles gefällt uns ganz gut, und langsam sind wir nun auch geistig in Norwegen angekommen.

Göttlicher Segen

Wir kommen gerade zu unserem Hotel zurück, da steht der Bus schon vor der Tür. Wir sollen schnell einsteigen, da die Straße sehr schmal ist und kein größeres Auto vorbeikäme. Die Koffer seien schon verladen.

Kaum sitzen wir, schon geht die Fahrt los. Zunächst wieder an Bryggen vorbei, und dabei zeigt uns Angelika noch einige typische Häuser in einheitlichem Rot-Ton. „Früher hatten die Fischer und Bauern kein Geld für teure Farben. Nur die wenigen Reichen konnten sich weiße Farbe leisten, und so wurden die meisten Häuser einfach mit dem Blut der Schlachttiere gestrichen." Wir halten an einem kleinen Platz mit einem ebensolchen Denkmal. Es stellt eine Wirtin dar, mit Betonung auf ‚in', denn es war die erste Frau, die hier eine Kneipe betrieb. Das war so etwas Besonderes, dass man ihr hier ein Denkmal gesetzt hat.

Die Weiterfahrt führt uns ein Stück aus Bergen hinaus. Auf einer kleinen Anhöhe direkt neben der Straße steht ein kleines Schlösschen. „Das ist das Wochenendhäuschen der königlichen Familie. Wenn sie da ist, bleibt der Park auch weiterhin für die Bevölkerung geöffnet; da kann man gern mal Königin Sonja oder König Harald beim Morgenspaziergang treffen."

Weiter geht's nach Fantoft, einem entfernteren Stadtteil Bergens. Einige Kurven bergan, dann heißt es aussteigen. Es folgt ein kleiner Spaziergang von vielleicht 200m, dann steht sie vor uns – oder besser – wir stehen vor ihr: Eine Stabkirche wie aus dem Bilderbuch. „Aus dem 13. Jh. ...“ erklärt Angelika, und nach einer kleinen Pause „... ist das Original. Das wurde zunächst am Ende des 19.Jh. an seinem Standort abgebaut und hier wieder zusammengesetzt. 1992 ist die Kirche dann komplett abgebrannt, aber da man die Unterlagen vom letzten Aufbau noch hatte, konnte sie wieder originalgetreu hergestellt werden.“ Die Kirche ist wirklich schön und hat an jedem Giebel eine Art Drachen, wohl zum Vertreiben der bösen Geister. Leider können wir zurzeit nicht hinein, denn es muss mal wieder etwas renoviert werden. Wir holen uns den Segen für unsere Weiterreise dann halt nur von außen.

Langsam senkt sich die Sonne gegen den Horizont, und im letzten Licht erreichen wir wieder den Hafen in Bergen, diesmal aber auf der anderen Seite der Landzunge, auf der unser Hotel liegt. Der Bus hält vor dem großen Gebäude, das wir schon vom Fløien aus gesehen haben. ‚HURTIGRUTETERMINALEN‘ steht in großen Lettern an der Front des langen Hafengebäudes. Aha, jetzt wird es ernst!

Alle Mann an Bord

Um unser Gepäck brauchen wir uns nicht mehr zu kümmern. Das findet den Weg ohne uns vom Bus zu seinem Bestimmungsort, unserer Kabine. Hoffentlich.

Wir betreten einen mehrstöckigen Innenraum mit einer langen Theke. Auf Anweisung von Angelika stellen wir uns brav in mehreren Reihen an und tauschen unsere Reisebestätigung gegen allerlei gedruckte Informationen. Darunter ist auch eine Karte in der Größe einer Scheckkarte, mit der wir uns immer an- und abmelden können, wenn wir das Schiff verlassen. Außerdem ist sie der Schlüssel zu unserer Kabine.

Gleich darauf werden wir zu einer breiten Treppe geschleust, die in den ersten Stock führt. „Bitte nehmen Sie Platz." weist uns eine Stewardess an. Ich weiß nicht, ob das die richtige Bezeichnung ist, aber die Dame ist genauso schick gekleidet wie jene im Flugzeug. Weil wir eine der ersten sind, die die lange Treppe geschafft haben, stehen wir nun vor der Qual der Wahl. Da vor den Stühlen ein großer Monitor ist und wir vermutlich etwas zu sehen kriegen, dränge ich nach vorne. „Nicht in die erste Reihe!" Meine Frau kennt das noch zu gut von der Schule; da wird man immer aufgerufen! Keine Viertelstunde später haben offensichtlich alle Mitglieder unserer Gruppe die Formalitäten erledigt und Platz genommen. Die Stewardess richtet

das Wort an uns. Es sei wichtig, dass wir über die Sicher-
heitsbestimmungen an Bord Bescheid wüssten. Wann und
wie ein Alarm ausgelöst wird, was wir dann zu tun oder zu
lassen haben und wie wir mit den Rettungswesten umge-
hen müssen. Dann wirft sie den Zuspieler an, und wir betreten schon mal virtuell unser Schiff für die nächsten zehn
Tage. Wie man sich an- und abmeldet, wo die verschiedenen Einrichtungen wie Restaurant, Notarzt und Bücherei
sind und vor allem wie man in die Rettungsboote kommt
wird uns gezeigt. Kaum ist der Film aus, fordert uns nun
Angelika auf aufzustehen und ihr zu folgen. Es geht hinaus
auf einen Balkon.

Und da liegt sie vor uns, die ‚MS Finnmarken‘! Ein eindrucksvoller Dampfer – oder ist dieser Ausdruck zu des-
pektierlich? Er sieht so sauber und strahlend aus, als ob er
gerade vom Stapel gelaufen wäre. Über drei Öffnungen an
der Backbordseite wird die Finnmarken gerade beladen:
Passagiere wie wir gelangen über eine Art Brücke auf hal-
ber Höhe in den Schiffsbauch, weiter unten, auf Höhe des
Kais, werden hochgetürmte Waren auf Paletten mit Stap-
lern ins Schiff gefahren.

„Ein kleiner Schritt für einen Menschen, aber ein großer
Schritt für …“ Ich stutze und bin mir nicht sicher, ob sich
dieser Spruch hier eignet, zumal mir gerade keine sinn-
volle Vervollständigung einfällt. Auf jeden Fall setze ich
meinen Fuß nun in die Finnmarken. Ich bin noch überwäl-
tigt von der neuen Umgebung, als mich Traudl anstößt:

„Die Bordkarte!" Ach ja, vor mir steht eine weitere Stewardess mit einem Lesegerät in der Hand und wartet geduldig, bis ich meine Karte wieder aus der Jackentasche gefummelt habe. „Willkommen an Bord!" höre ich sie sagen beim Weitergehen, denn hinter mir drängeln schon die Anderen. Aha, zumindest ein bisschen Deutsch ist hier auch bekannt.

Wir stehen mit unserem Handgepäck im Treppenhaus der Finnmarken. Zwei Aufzüge, eine breite Treppe und vier Flure in verschiedene Richtungen warten darauf, genutzt zu werden. Aber welche Richtung müssen wir einschlagen? „Wir haben Kabine 646, also Deck 6. Und wo sind wir jetzt?" – „Auf Deck 3, steht da am Aufzug." stellt meine Frau fest. Also drei Decks nach oben. Inzwischen hat sich vor den Aufzügen eine kleine Traube gebildet, so dass wir uns für die Treppe entscheiden. „So, und jetzt?" während ich frage habe ich aber auch schon die Antwort parat: „Da lang!" An der Wand eines jeden Flurs stehen die Nummern der Kabinen, und hier steht 638-666. Da müsste unsere Kabine dabei sein. Und tatsächlich: nach ein paar Metern stehe wir vor der Kabine 646. Und wir sind nicht alleine: auch zwei rote Koffer stehen vor der Tür; große Wiedersehensfreude! „Mach schon auf!" bittet Traudl, und ich angle wieder meine Bordkarte heraus. „Kannst du doch auch mit deiner Karte." meine ich nur, habe aber mein Kärtchen schon in der Hand. Wie im Hotel stecke ich die Karte in den Schlitz über der Klinke, ein grünes Lämpchen leuchtet brav auf und ich öffne die Tür ohne Probleme. „Lass mich rausschauen!" drängt sich Traudl an mir vorbei zum Fenster. Als ob sie etwas anderes sehen könnte als das Hafenbecken! „Kann man das Fenster öffnen?" will sie wissen, aber gibt sich auch gleich selbst etwas enttäuscht die Antwort: „Ich glaube nicht, da ist nirgends ein Griff." Stimmt, es ist zwar ein großes Fenster, aber fest geschlossen wie ein Bullauge.

Ich schau mich um. Da sind ein Sofa und ein Stuhl, eine kleine Kommode mit Spiegel, ein Telefon darauf, ein Schrank mit zwei Türen, darin ein kleiner offenstehender Safe und zwei Rettungswesten, dann ein Minikühlschrank und ein Fernseher, in dem ein uns bekannter Film läuft: den gleichen haben wir vorhin im Empfangsraum des Hafengebäudes gesehen. „Wo sind die Betten?" will ich von meiner Frau wissen. „Nummer eins ist das Sofa, das kannst du etwas rausziehen, dann wird es zum Bett. Nummer zwei ist hier zur Wand geklappt, damit wir mehr Platz haben. Das müssen wir später nur herunterklappen!" Ok, ich bin beruhigt. Während ich die Nasskabine in der Größe eines Quadratmeters inspiziere, fängt Traudl bereits mit dem Auspacken an. „Gut, dass wir nicht mehr mitgenommen haben! Es hätte nicht in die Schränke gepasst." Dem füge ich nichts hinzu. Ich ziehe erst mal meine Jacke und die Schuhe aus und lasse mich auf das Sofa fallen.

Da sind wir also, unser Zuhause für die nächsten 10 Tage! Es ist 17 Uhr 30, in drei Stunden geht es los.

Acht Decks und drei Gänge

Nach einer halben Stunde wird es mir langsam zu eng in unserer Kabine. Und neugierig bin ich auch! Mit Kamera und Windjacke bewaffnet lasse ich meine Frau erst mal alleine weiter die Schränke füllen und trete auf den Flur. Vorsichtshalber gehe ich die gleiche Strecke wie beim Herweg zurück. Das ist gar nicht so leicht, denn es kommen mir immer wieder Leute entgegen, und der Gang ist nicht gerade breit; zum Glück ich auch nicht. Auch im Treppenhaus strömt es, und zwar alles in eine Richtung. Dabei gibt es doch acht Decks, da könnten sich die Leute doch verteilen! Ich schließe mich der Massenbewegung an und folge den meisten Leuten auf Deck 4, also zwei Stockwerke hinunter. Aha, **da** treibt es das ganze Schiff hin: zum Restaurant. An der großen, weit offenstehenden Tür stehen die Öffnungszeiten, unter anderem auch ‚18:00 - 20:30‘.

Ich mache kehrt und rudere gegen den Strom zurück auf Deck 6 und zu unserer Kabine. „Traudl, mach schnell, wir versäumen das Abendessen!" Uns wird erst jetzt bewusst, dass wir gar nicht zu Mittag gegessen haben. Es war immer etwas los, und das Frühstücksbuffet hat wohl bis gerade eben gereicht. Aber nun ist Nachschub fällig! Traudl lässt die Unterlagen schlagartig fallen, die wir beim Einchecken bekommen haben und die sie gerade studieren wollte. Keine drei Minuten später stehen wir auch am Eingang des Restaurants.

Ein kurzer Rundumblick zeigt uns, dass im Saal lauter Vierer-und Sechsertische schön geordnet stehen, dazwischen laufen einige Ober geschäftig hin und her. Während wir noch im Orientierungsmodus sind, kommt Angelika auf uns zu und bittet uns mitzukommen. An der linken Seite – also Backbord – stehen zwei größere Tische, an denen auch schon einige Gäste sitzen. „Das sind unsere Tische für diese Reise." erfahren wir und setzen uns auf die nächsten freien Plätze. Getränke können wir bestellen, ansonsten bedienen wir uns mittags immer am Buffet, und abends gibt es meist ein Menü, lautet die Einweisung.

Unser Tisch steht zwar nicht direkt am Fenster, aber aus der zweiten Reihe können wir auch ganz gut hinausschauen. Auf dem Tisch steht eine Karaffe mit Wasser, mehr brauchen wir sonst auch nicht zum Essen. Es kommen noch weitere Gäste, die unserer Gruppe angehören, das eine oder andere Gesicht kommt uns inzwischen bekannt vor. Auch die Familie mit Kind und Kegel beziehungsweise Großmutter ist wieder da. Wir lassen es zunächst bei einem freundlichen Zunicken und schauen mal, was die Gäste an den anderen Tischen so zum Essen bekommen haben.

Auf dem Tisch steht, schön gefaltet, eine kleine Speisekarte. Ihr entnehmen wir, dass es heute einen Fisch gibt, der uns zuvor noch nirgends begegnet ist. Gemüse dazu, und vorweg eine Tomatensuppe, hinterher eine Creme mit unaussprechlichem Namen. Das klingt ja schon mal ganz gut, denn hier im Norden haben wir uns schon auf viel Fisch gefreut.

Angelika verkündet, dass es zwischen 7 und 10 Uhr Frühstück gibt, aber dann ist freie Platzwahl. Nur zu Mittag und abends sind die Plätze reserviert. Nach dem Essen sind wir zu einer Begrüßung durch die Schiffsoffiziere eingeladen, wir brauchen ihr nur zu folgen.

Etwas hektisch kommt noch ein junger Mann an unseren Tisch und setzt sich auf den einzigen freien Platz. Angelika stellt vor: „Das ist unser Lektor Michael, der uns morgen den ersten Vortrag hält." Aha, unter einem Lektor hatte ich mir zwar einen älteren Professor vorgestellt, bei dessen Vorträgen man leicht einschlafen könnte, aber Michael macht einen sehr aufgeweckten Eindruck; das könnte glatt interessant werden!

Das Essen kommt schnell, und es schmeckt auch ganz ordentlich. Die Portionen könnten größer sein, aber abends soll man ja auch nicht mit vollem Magen in die Kojen kriechen.

Kaum haben alle Mitreisenden das Besteck abgelegt, steht Angelika auf und meint, die Offiziere würden warten. Wir folgen ihr vollzählig durch das ganze Schiff vom Heck, wo unser Restaurant ist, bis fast zur Bugspitze. Dort sind ein paar kleinere Vortragssäle, deren Trennwände aber nun teilweise aufgeschoben sind. Der Raum ist schon halb gefüllt, und wir setzen uns in die ersten Reihen, die man bisher sicherheitshalber frei gelassen hat. „Willkommen an Bord!" beginnt ein Herr im Anzug und erklärt uns, er sei der Reiseleiter auf diesem Schiff und er wolle uns die wichtigsten Offiziere vorstellen. Neben ihm stehen der Kapitän, der Bordmanager, der Küchenchef und noch einige andere ‚Streifenhörnchen', wie wir auch früher schon die Offiziere mit diversen Streifen am Uniform-Jackett genannt haben. Jeder genannte tritt vor, macht eine kurze Verbeugung und reiht sich wieder ein. Nur der Kapitän wiederholt den Gruß des Reiseleiters. Dann gibt es noch einige Erläuterungen zum Schiff, und wie das mit den Ausflügen gehandhabt wird.

„Du, es ist gleich halb neun!" flüstert mir meine Gattin ins Ohr, während ich versuche, einige Aufnahmen dieser hochgestellten Personen zu machen. „Wenn wir das Ablegen mitbekommen wollen, müssen wir jetzt auf das Außendeck gehen!" Wo sie Recht hat, hat sie Recht. Leise verabschieden wir uns von der Gruppe und schleichen unauffällig – soweit das in der ersten Reihe überhaupt möglich ist – aus dem Saal.

Bergen farvel

Wir suchen einen Ausgang auf das Außendeck, werden aber nicht fündig. „Hier gibt es keinen Umgang; wir müssen auf ein anderes Deck! Guck doch mal auf den Plan!" fordert mich meine Frau auf. So ein Orientierungsplan hängt zum Glück an jedem Auf- oder Niedergang, und ich merke schnell, dass sie Recht hat. Auf diesem Deck gibt es keinen Ausgang. Wir müssen ein Deck runter, auf dem Promenadendeck muss es einen geben, eben auf die Promenade. Eine Treppe tiefer, und wir stehen vor einer schweren zweiflügligen Stahltüre mit Guckfenster, die tatsächlich hinausführt.

Wir sind nicht die Einzigen, die beim Ablegen zuschauen wollen. Aber wir erkämpfen uns einen kleinen Platz an der Reling und stellen fest, dass die Arbeiter am Kai bereits fast alle Leinen losgemacht haben. Nur eine, nein zwei der schweren Trosse liegen noch über den Pollern. Die Brücke, über die wir ins Schiff gelangt sind, ist weit weggeschwenkt. Und auch die Ladeluken sind nicht mehr zu sehen; die vorher ausgeklappten Rampen fügen sich jetzt nahtlos in die Außenwand ein.

Wie auf einen Befehl hin springen die Arbeiter zu den letzten belegten Pollern und hieven die Festmacher darüber; sie fallen mit einem lauten Plumps ins Wasser – nicht die Arbeiter, sondern die Leinen! „Wir fahren." stelle ich freudig fest. Aber eigentlich ist das noch übertrieben. Nur im

Schneckentempo entfernen wir uns von der Kaimauer, einen halben Meter, dann vielleicht einen ganzen. Das Wasser zwischen unserem Schiffsrumpf und der Mauer schäumt stark, und zur Untermalung ertönt nun noch das Schiffshorn. Ein langgezogener Ton, dann ist wieder Ruhe. Beim Blick auf das lange und nun hell erleuchtete Hafengebäude merken wir, dass es nun auch langsam vorwärtsgeht. Wegen der vielen Lichter rings um unser Schiff und im Hafen überhaupt war uns gar nicht aufgefallen, dass es inzwischen stockdunkel geworden ist. Aber jetzt, je weiter wir uns von der Anlegestelle entfernen und die Häuser Bergens verlassen, fällt es uns erst richtig auf. Nur noch einige Lichter von am Ufer fahrenden Autos verfolgen wir mit unseren Blicken und beobachten, wie Bergen hinter uns immer kleiner wird. Auch die Menschenmasse auf dem Promenadendeck schrumpft; es ist doch ziemlich frisch draußen, und dazu kommt der nun spürbare Fahrtwind.

Nur ein kurzer Blick noch nach vorne – und wir entscheiden uns, doch noch zu bleiben. Vor uns taucht eine lange, gelbe Lichterkette auf, die sich über eine Engstelle an der Bergen-Bucht zieht. Und genau auf diese Lichterkette fahren wir zu. Was wir ahnen zeigt sich bald bestätigt; es ist eine Hängebrücke. „Die haben wir doch schon vom Fløi aus gesehen!" registrieren wir mal wieder beinahe synchron. Stimmt, wir kennen die Brücke schon. Sie wirkt aber bei Nacht viel eindrucksvoller durch die unzähligen

Lampen und die darüber huschenden Scheinwerfer der Fahrzeuge.

Nur noch ein paar Minuten, und wir kommen unter der Brücke hindurch. „Schnell, hol ein paar Münzen raus!" fordert mich meine Frau auf. Ich schaue sie fragend an, aber sie belehrt mich ungeduldig: „Wenn man unter einer Brücke durchfährt muss man eine Münze ins Wasser werfen. Mit der rechten Hand über die linke Schulter – oder war es umgekehrt?" Na, ich weiß nicht. Erst der Schornsteinfeger in Bergen, dann der Segen an der Stabkirche und jetzt auch noch eine Münze versenken! Kann man so viel Glück überhaupt auf einmal haben? Aber natürlich tue ich ihr den Gefallen, und hole ein paar sehr kleine Münzen aus der Tasche. Als ich ihr eine gebe, schaut sie mich an: „Das gibt aber kein großes Glück!" Ob eine Euro-Münze in Norwegen überhaupt funktioniere, frage ich mich. Ohne weitere Diskussion drehe ich mich mit dem Rücken zur Reling und schaue nach oben. „Gleich … jetzt!" rufe ich meiner Frau zu, und die Münzen fliegen über Bord. Eigentlich hatten wir bei der Belehrung im Terminal gelernt, das man nichts über Bord werfen darf, aber die Geldstücke waren ja fast nichts.

Hinter der Brücke öffnet sich die Bucht zu einem größeren See. Oder ist das schon die Nordsee? Oder bereits der Atlantik? Es ist zu dunkel, um das zu erkennen. Jedenfalls sind wir nicht mehr in Bergen und die Reise beginnt nun endgültig.

Bergen ade, Bergen farvel!

Der Tag beginnt

Wo bin ich? Im Halbschlaf versuche ich mich zu orientieren. Ach ja, in unserer Kabine, an Bord der Finnmarken. Das Bett ist ungewohnt schmal, aber anscheinend habe ich gut geschlafen. Meine Frau streckt auch schon die Arme aus, und im Nu ist sie auf den Beinen und schaut zum Fenster heraus. „Wir liegen wieder im Hafen!?" Das klingt zwar mehr wie eine Frage, aber eigentlich wissen wir, dass das natürlich nicht mehr Bergen ist, sondern einer der ersten Häfen auf unserer Route. „Måløy steht auf dem Schuppen da drüben," berichtet mir Traudl, während ich mich nach den Reiseunterlagen strecke. Da war doch ein Fahrplan dabei? Jawohl, ich habe ihn. „Nach Bergen kommt Florø," lese ich vor, „und um halb Acht sind wir in Måløy." Stimmt; es ist gleich 7 Uhr 40. Florø haben wir total verschlafen! Dabei hören wir jetzt schon, dass da unten wieder die Gabelstapler unterwegs sind und Waren ein- und ausladen. Leute rufen sich etwas zu – verstehen können wir nichts davon. Wir müssen wirklich gut geschlafen haben!

Abwechselnd benutzen wir nun die enge Nasszelle, Badezimmer genannt, und bald sind wir wieder ausgehfertig. Das Frühstück lockt, im gleichen Restaurant wie gestern Abend. Beim Eintreten werden wir von einem Angestellten aufgehalten. „Bitte!" und dabei hält er uns eine

Pumpflasche entgegen, aus der er uns einen tischtennis-
ballgroßen Schaum auf die Hände sprüht. Eigentlich hatten wir schon in der Kabine unter anderem die Hände gewaschen, aber Sauberkeit ist eben wichtig. Da wir wohl
noch etwas ratlos ausgesehen haben, kommt ein anderer
Steward zu uns, einer mit zwei Streifen an der Jacke, und
klärt uns in gutem Deutsch auf: „Auf einem anderen Schiff
unserer Flotte ist ein Darmvirus ausgebrochen, und mit der
obligatorischen Händedesinfektion wollen wir das auf der
Finnmarken verhindern!" Also, auch hier gilt: Vorsicht ist
die Mutter der Porzellankiste.

So gereinigt, dürfen wir schließlich eintreten. In der Mitte
des Raums steht jetzt ein mindestens 10 Meter langes Buffet. Am Rand auf kleineren Tischen gibt es Brot in vielen
Varianten, Säfte, Teebeutel und Müslispender. „Typisch,
schau dir mal die vollen Teller an! Als ob nur ein Besuch
am Buffet erlaubt wäre!" deute ich meiner Frau an, aber
das kennen wir schon von anderen Reisen. Manchmal
schämen wir uns fast für das Verhalten der Anderen, besonders wenn wir feststellen, dass es auch Deutsche sind.

Wir suchen erst die Teller, die wir auch an einem Ende des
Buffets finden. Dabei passieren wir schon mal die ganzen
Leckereien, die hier aufgebaut sind: Von verschiedenen
Salaten geht das Angebot über in eine reiche Auswahl an
Fischen, vornehmlich Lachs und Lachsforelle, aber auch
unterschiedlich eingelegten Heringen. Wurst- und Käse-
platten folgen. Dann kommen viele Warmhalteplatten und
-becken mit den klassischen Rühreiern, Speck, Bohnen

und allerlei undefinierbarem Anderen. Aber zum Glück stehen hinter allen Schalen und Platten mehrsprachige Beschreibungen, die uns aber auch nicht immer was sagen. Ich fange bei den Salaten an und nehme noch etwas vom verführerischen geräucherten und vom marinierten Fisch mit. Dem Rest werde ich später noch einen Besuch abstatten. Meine Frau steht inzwischen vor einem Berg Tassen und sucht für jeden einen Tee heraus. Heißes Wasser kommt aus einer Art Samowar. Dann folgt sie meinem Vorbild und bleibt bei den Fischen hängen. Zugegeben, das ist nicht das, was wir normalerweise zum Frühstück verdrücken, aber die Verlockung hier ist zu groß.

Mit einer kleinen Auswahl an Brot suchen wir uns einen Zweiertisch in Fensternähe und lassen uns zufrieden nieder. Unsere Auswahl stellt sich als absolut richtig heraus, es schmeckt vorzüglich. „Ob ich nochmal was von den Fischsachen hole?" kämpft meine Frau mit sich. Ich zucke mit den Schultern, ich werde mich jedenfalls mal weiter vorarbeiten. Die warmen Gerichte sahen auch interessant aus, obwohl ich noch nicht weiß, für was ich mich entscheiden werde. Es werden sogar kleine Schrumpelkartoffeln angeboten. Die Kartoffeln schmecken lecker, fast wie die in Salzlake gekochten auf Teneriffa, die wir vor einigen Jahren dort massenweise verdrückt haben. Dazu Rührei mit Schinken – und Erbsen! Erbsen sind mein Lieblingsgemüse. „Muss ich mich schämen, wenn ich schon zum zweiten Mal welche hole?" frage ich vorsichtshalber, warte aber die Antwort gar nicht ab und bin schon auf dem Weg zur Gemüseabteilung.

Meine Frau lässt dem Fisch eine große Schale Joghurt mit Obst folgen. Ich hole inzwischen für jeden nochmal eine Ladung Tee und entdecke dabei, dass es auch Earl Grey gibt. Den haben wir zuhause für das Wochenende reserviert, aber heute ist quasi auch ein Feiertag – erster Tag auf See!

Während wir frühstücken, bewegen sich die Häuser vor den Fenstern. Wir fahren also schon wieder weiter. Den Fahrplan habe ich immer in meiner Hosentasche parat; er ist neben dem Decksplan das wichtigste Orientierungspapier auf unserer Reise, wie uns Angelika eingeschärft hat. „Heute Mittag sind wir in Ålesund. Dort haben wir einen Ausflug gebucht, da wird es mit dem Mittagessen knapp werden!" stelle ich fest. Vorsichtshalber gehe ich gleich nochmal ans Buffet.

Peinlich, denn genau in dem Moment als ich mit gefülltem Teller zurückkomme, tritt Angelika an unseren Tisch und verkündet, dass Ålesund etwa eine dreiviertel Stunde später erreicht wird und die Ausflüge daher erst gegen 13 Uhr starten. Zu spät, jetzt habe ich meinen ‚Vorratsteller' schon vor mir stehen. Und am Nachbartisch sitzt die Prominenz: Kapitän, Bordreiseleiter und erster Offizier speisen hier mitten unter dem ‚gewöhnlichen Volk' und sind nebenbei in ein Gespräch vertieft. Wurst und Käse schmecken mir trotzdem, oder gerade deshalb.

Eine Inspektionsrunde

Der Vormittag geht rasch vorbei, denn wir erkunden nun erst mal unser Schiff. Da gibt es diverse Bars, an denen aber noch Ruhe herrscht. Nur auf dem obersten Deck in der Lounge mit der besten Aussicht tummeln sich schon ein paar Passagiere und laben sich an einem Kaffee oder Cappuccino. Wir bleiben kurz stehen und schauen durch die schrägstehenden Fensterscheiben in die vorbeiziehende Landschaft. Leicht grüne Wiesen, noch ziemlich kahle Bäume und immer wieder bunte Holzhäuschen wechseln sich mit rauen Felsformationen ab. Weit können wir nicht sehen, denn zwischen den höheren Hügeln hängen die Wolken noch ziemlich tief. Vom Land zum Schiff sind es vielleicht 100 Meter, und auf der anderen Seite ist auch nicht viel mehr Wasser. Schaut man nicht nach unten, könnte man genauso gut glauben, mit einem Bus durch die Landschaft zufahren.

Wir entdecken einen kleinen Laden, der offensichtlich allerlei Süßigkeiten und Kleidung anbietet. Nur jetzt hat er noch geschlossen, ‚10 – 12‘ und ‚15 – 18‘ steht auf einem kleinen Monitor neben der großen Glastür.

Vorbei geht es an einer Art Rezeption, an der schon drei Personen anstehen. Während meine Frau zielstrebig weitergeht, bleibe ich kurz stehen und versuche herauszuhören, was die Leute hier wollen. „Geldwechseln, und dass die Lüftung in der Kabine so laut sei!" berichte ich Traudl, die doch noch auf mich gewartet hat und mich nun fragend anblickt.

Eine weitere Lounge mit Blick auf das Heck vermittelt uns ein Gefühl dafür, wie schnell wir unterwegs sind. Aufgrund der aufgewühlten Spuren im Wasser, die wir noch viele hundert Meter hinter dem Schiff beobachten können, schätzen wir unser Tempo auf gut 30 Kilometer pro Stunde. Wir suchen uns zwei schöne Sessel direkt am Fenster aus und beobachten die stetig kleiner werdende Landschaft, weil sich die Küste hinter uns auch immer weiter entfernt. Aber bald kommen Wälder und Häuser wieder näher. „Jetzt ist es gleich 10 Uhr." stellt meine Gattin fest „Wir können in den Laden gehen!" Das interpretiere ich als Aufforderung und erhebe mich mit etwas Schwung aus dem tiefen Sessel. Da ich von uns beiden derjenige mit dem besseren Orientierungssinn bin, gehe ich voraus. Warum eigentlich in den Laden; wir brauchen doch gar nichts? „Mal schauen…" ist die einzige Antwort, die ich meiner Frau entlocken kann.

Von Gummibärchen bis zu ‚echt norwegischen Keksen' gibt es viel zum Naschen, aber auch jede Menge Kleidung; natürlich alles maritim angehaucht. Und kitschige Andenken, an die wir aber heute, am ersten Tag unserer Schiffreise, noch gar nicht denken wollen. Die vielen Trolle, Rentiere und Elche in allen Größen sind sicher am Ende der Reise noch immer da.

Mehr zufällig, kommen wir auch an der großen Informationstafel neben der Rezeption vorbei. „Hat Angelika nicht gesagt, dass sie hier die Termine für unsere Gruppe aushängt?" frage ich meine Frau, die wahrscheinlich bei den ersten Erläuterungen gestern besser zugehört hat als ich. Und prompt hängt da, zwischen Wetterberichten und anderen Zetteln, ein Blatt mit dem Hinweis, dass heute Abend um 20 Uhr Michael R. einen Vortrag im Raum V2 über das Planetensystem hält. „Wo ist V2?" will meine Frau wissen, aber das weiß ich auch noch nicht. Hat ja aber noch etwas Zeit bis heute Abend.

Der Rundgang endet in unserer Kabine. Ich schaue mir die Fotos im Kameramonitor an, die ich unterwegs geschossen habe. Nun ja, mit etwas mehr Sonne wären die Aufnahmen schöner, aber so ist das Wetter halt gerade. Meine Frau liest nebenbei die Beschreibung von Ålesund aus dem Reiseführer vor, aber davon kriege ich nur die Hälfte mit.

„Langsam könnten wir uns mal Richtung Restaurant aufmachen." stelle ich nach einem Blick auf meine Uhr fest. Und das muss ich nicht zweimal sagen. Gemeinsam verlassen wir die Kabine und gehen zwei Decks tiefer. Da steht schon eine Menschentraube vor der Tür. Es ist bei mir eine Minute vor 12 Uhr. Genau mit dem nicht vorhandenen Gongschlag geht die Tür auf und auf jeder Seite steht ein ‚Streifenhörnchen' mit der schon bekannten Pumpflasche zur Desinfektion.

Die Raummitte dominiert wieder das große Buffet, das wir schon vom Frühstück kennen, allerdings zumindest teilweise anders bestückt. An unserem Tisch sind wir jetzt die

Ersten, und geben dem Ober zu verstehen, dass wir wieder beim Wasser bleiben werden. Also auf zur großen Schlacht am Buffet!

Teller sind da, wo sie auch am Morgen waren. Nach dieser gemeinsamen Erkenntnis trennen wir uns; jeder stürzt sich auf einen anderen Teil des Angebots. Ich hole mir erst mal eine Ladung Salate, Blattsalate, Bohnen, Tomaten, Gurken, Mais; und eine Soße dazu, die mir vertrauenserweckend aussieht. Am Tisch warte ich dann doch anstandshalber auf Traudl und versuche zu erkennen, was sie gewählt hat.

„Kabeljau." meint sie gelesen zu haben. Natürlich mit Schrumpelkartoffeln. „Ich hole mir dann auch noch Fisch" kündige ich an, habe aber die restlichen Angebote noch gar nicht studiert. Ob es zum Nachtisch auch etwas mit Fisch gibt?" überlegen wir, verwerfen aber diese Möglichkeit wieder, da uns kein bekannter Nachtisch auf Fischbasis einfüllt.

Wir werden überrascht! Da liegt doch glatt ein Fisch auf dem großen Nebentisch am Buffet, der für die Süßspeisen reserviert ist. Allerdings stellt sich das Meerestier nur als Pudding in einer Fischform heraus. Aber es muss eben Fisch sein, wenn auch nur die Form dafür herhalten muss. Da ich nicht gerade ein Süßer bin, zieht es mich mehr zum Käse hin. Ein paar Kräcker dazu, und ich habe alles, was ich brauche. Traudl geht es nicht anders. Sie ergänzt Ihr Mittagessen noch durch eine Mandarine, die sie aber dann doch lieber mit in die Kabine nimmt.

Jugendstil

Allerdings hat meine Frau gar keine Zeit mehr, ihren Obstnachtisch in der Kabine zu schälen und dann zu genießen: Unser Ausflug soll in 20 Minuten starten, und wir haben noch gar nichts dafür hergerichtet. Kamera (Akku geladen? Noch Platz auf der Speicherkarte?), ein Regenschirm (denn es hängen dunkle Wolken über der Landschaft draußen) und ein kleiner Tragebeutel (falls wir ein einmaliges Mitbringsel sehen) wandern in die großen Taschen unserer praktischen Anoraks. Dann geht es Richtung Promenadendeck auf Ebene 5. „Halt!" rufe ich nach ein paar Schritten auf dem Flur, dann beim Kontrollgriff in meine Brusttasche finde ich – nichts. Und da sollte aber meine Bordkarte sein! Mit der Karte meiner Gattin mache ich kehrt und werfe einen suchenden Blick in die Kabine. Da liegt sie, völlig unschuldig neben dem Telefon. Ab damit in die Brusttasche, und dann zweiter Anlauf aufs Promenadendeck.

Pünktlich, also mit angekündigter Verspätung, nähert sich die Finnmarken gerade dem Liegeplatz im Hafen von Ålesund. Die Schiffe der Hurtigruten haben natürlich in jedem Hafen ihren speziellen Liegeplatz, an dem die Hafenarbeiter immer schon in den Startlöchern stehen, sobald sich die beiden täglichen Dampfer nähern, je einer nordgehend – wie es in der Hurtigrutensprache heißt – und einer Richtung Süden. Es muss ja alles schnell gehen. Allerdings sieht es hier nicht ganz so hektisch aus wie noch im letzten Hafen heute Morgen. „Wir machen ja auch einen Ausflug, der rund drei Stunden dauern soll. Da haben die Leute genug Zeit, Waren ein- und auszuladen." stellen wir fest und unterscheiden von jetzt an Häfen, die nur zum Verladen angefahren werden und solche, die für die Touristen mit längeren Aufenthalten bedient werden. Die einen haben einen Aufenthalt von kaum mehr als 30 Minuten, bei den anderen kann das Schiff auch mal mehrere Stunden im Hafen liegen.

Wir beobachten, wie die Gangway ausgeklappt wird, eine wahrliche beeindruckende technische Konstruktion; raus, hoch, auseinander, runter und ausfahren und nochmal aufklappen. Alles funktioniert hydraulisch und innerhalb höchstens zwei Minuten, und auch die Geländer drehen sich in die richtige Position. Parallel dazu, nur ein paar Meter weiter hinten, geht auch die Ladeklappe auf, vor der schon zwei Gabelstapler warten. Ein dritter kommt gerade aus der Lagerhalle auf der anderen Seite des Kais, alle beladen mit hohen und dick mit Folie eingewickelten Paletten.

„Jetzt wird es aber höchste Zeit!" meint neben uns an der Reling ein Herr zu seiner Nachbarin. Hoppla, die gehören ja auch zu unserer Gruppe! Wir hatten sie bisher gar nicht bemerkt, aber sie haben Recht. Mit etwas Abstand folgen wir dem Paar hinunter auf Deck 3, dem Ausgang. Da wir uns außen vor der Gangway treffen werden, gehen wir mit gezückter Bordkarte gleich durch die Kontrolle, es piepst, wir sind also nun offiziell von Bord.

Wie vereinbart, steht Angelika schon mit einem Teil unserer Gruppe da. Kurz vor 1 Uhr sind wir tatsächlich komplett. Ein fremder Herr mit grauem Bart und mit seinem Rollkragen eher sportlich gekleidet schließt sich unserer Gruppe an und beginnt auch gleich mit seiner Vorstellung. Er heiße Otto (den Nachnamen verstehe ich nicht), er komme aus dem Ruhrpott und lebe seit fast 20 Jahren in einem Vorort von Ålesund. Aha, daher das gute Deutsch. Er wird uns zwei Stunden durch diese herrliche Stadt führen, und dabei die Besonderheiten von Ålesund zeigen, auch einige gut erhaltene Jugendstilgebäude, sowohl von außen als auch von innen.

Vom Kai sind es nur ein paar hundert Meter zu Fuß ins Zentrum der Stadt. An einem Fischerbrunnen erfahren wir einiges über die Geschichte des Ortes und das Leben der einstigen Fischer, von denen es heute schon auch noch welche gäbe, aber Handwerk und Industrie sind nun vielfältiger.

Nicht weit weg, direkt am kleinen Binnenhafen, steuern wir auf ein Eckgebäude mit schönen Verzierungen rund um den Eingang zu. „Die Schwanenapotheke ist nach dem Brand 1904 im schönsten Jugendstil erbaut worden." hören wir, während wir die Apotheke betreten. Sie ist mit wundervollen alten Schränken mit vielen Schubladen ausgestattet, auch stehen alte Standgefäße in den Regalen.

Nur zwei ‚Dinge' scheinen hier neuer zu sein, eine massive stählerne ‚National'-Registrierkasse aus den 30ern und die lächelnde Verkäuferin, noch deutlich jünger. Auch sie erzählt kurz etwas über die Geschichte der Apotheke, jedoch auf Norwegisch. Otto übersetzt. Dann führt er uns hinter dem Handverkaufstisch zu einer Türe und über eine Treppe in die erste Etage. Ein gewisser ‚Martin Soundso' habe den Auftrag erhalten, nicht nur das Äußere des Gebäudes zu gestalten, sondern auch die Inneneinrichtung auszuwählen, und natürlich in der damals üblichen Art, also dem Jugendstil. So erstellte er erst das Gebäude, dann wählte er Tapeten, Möbel, Leuchten für die Wohnräume im Obergeschoß aus und schließlich sogar Geschirr und die gesamte Einrichtung der Privaträume und der Apotheke. Letzte wurde zwar mal etwas renoviert und modernen Bedürfnissen angepasst, der Betrieb musste aber später auf Grund der sehr rigiden Denkmalschutzbestimmungen in ein Einkaufszentrum verlagert werden.

„Wie kommt es, dass alles noch so neu wirkt?" tönt eine Frage aus unserer Gruppe. Otto ist keiner Antwort verlegen und gesteht: „Einige der Brokattapeten waren schon sehr brüchig. Aber man hat im ganzen Land nach diesem Tapetenmuster gesucht und ist fündig geworden. Die Tapeten sind also teilweise zwar die gleichen, jedoch nicht mehr dieselben. Aber der Rest ist jetzt schon 100 Jahre alt." Schön, so hält man sich also bei guter Pflege!

Zwischen Berg und Tal

Wir verlassen die Schwanenapotheke und stehen wieder am Binnenhafen. Wo ist eigentlich die Stadt, fragen wir uns. Kaum zwei oder drei Häuserreihen, dann zwingt ein Gewässer oder ein steiler Hügel die Stadt in ihre Grenzen. Und genau das will uns nun Otto erklären. Er führt uns zu einer kleinen Einkaufspassage und dann hindurch. Nach einigen Geschäften fühlen wir uns wie in einem U-Bahn-Bahnhof; die Wände des Fußwegs sind gekachelt, nur unterbrochen durch einige großflächige Plakate. Dann kommen wieder ein paar Geschäfte und schließlich das Tageslicht. Wir treten ins Freie und staunen: „Wir sind auf der anderen Seite des Berges!" stellen nun nacheinander alle fest. Tatsächlich, hier geht die Stadt weiter; deutlich größer als der Teil, den wir zuerst gesehen haben. Aber auch hier fließt, oder besser, steht ein Gewässer. Das ist der Zufluss zum Binnenhafen, den wir ja schon gesehen haben auf der, wie wir meinen, anderen Seite der Welt. Er kommt über einen kleinen Fjord von der anderen Seite der Stadt, die hier nun wesentlich moderner wirkt. Die Bebauung ist auch nicht mehr so einheitlich wie ‚drüben', Möchtegern-Hochhäuser stehen zwischen ein- bis dreistöckigen Gebäuden, und es fällt uns auf, dass viel Glas verbaut worden ist. „Wir sind hier zwar noch nicht am Polarkreis, aber im Winter wird es hier doch schon recht früh dunkel, und darum nutzen wir jedes Licht, das wir einfangen können." Die Erklärung von Otto überzeugt uns.

Zurück am Fluss entlang zum Binnenhafen ist der Weg nun deutlich länger als durch die unterirdische Abkürzung. Außer einer Fahrstraße und einem schmalen Fußweg hat hier stellenweise auch nichts mehr Platz. Dafür kommen wir an einigen Fischerbooten vorbei, die gerade ihren Fang ausladen. Mehrere Arten und Größen von Fischen sind in den Styroporkisten, und wir sehen, dass ein Pracht-exemplar gleich vom Kutter weg an einen Passanten ver-kauft wird. Frischfisch in bester Qualität! „Schade, dass wir in unserer Kabine keinen Herd haben…" sinniere ich laut genug vor mich hin, so dass Traudl antwortet: „Glaubst du nicht, dass du auf der Finnmarken genug Fisch bekommen wirst?" Auch hier hat sie wohl wieder Recht. „War ja auch nur so ein Gedanke!" entschuldige ich mich.

An der Schwanenapotheke vorbei werden wir in eine Pa-rallelstraße geführt. Auch hier herrscht der Jugendstil, aber dennoch sieht jede Fassade anders aus als ihr Nachbar. Nach einer kurzen Erklärung und einem ebenso kurzen Fußmarsch Richtung Hafen – soweit, dass wir unsere Finnmarken sehen können – gibt uns Otto noch eine halbe Stunde Freizeit, in der wir selbst durch die Straßen streifen können. Und Angelika vergisst auch nicht uns daran zu er-innern, dass wir spätestens um 16 Uhr 10 an Bord sein müssen; sonst hätten wir ein Problem!

„Gut, dass Otto nicht so viel geredet hat, ich kann mir das jetzt schon nicht mehr alles merken." meint meine Frau. „Und ich versuche es gar nicht erst; das Wichtigste kann ich ja später im Internet nachlesen." Dabei bekomme ich von den Erklärungen gar nicht so viel mit; ich bin meist auf der Suche nach einem schönen Fotomotiv und versuche wenigstens, in Sichtweite der Gruppe oder zumindest meiner Gattin zu bleiben. Das Wichtigste wird sie mir dann schon erzählen.

Wo waren denn die schönen Hausfassaden? Ich konnte sie noch nicht alle fotografieren, und sie lohnen sich wirklich! „War das nicht in der Parallelstraße zur ‚Apotekergata‘?" schlägt Traudl vor. Auf meinen fragenden Blick hin ergänzt sie: „Das war doch in großen Buchstaben an der Hauswand gestanden!" Also machen wir wieder kehrt und stehen nach ein paar Schritten vor den bewussten Häusern mit ihren reich, ja manchmal fast etwas kitschig verzierten Fronten. Klick, klick, und ich habe auch diese Beispiele des Jugendstils im Kasten.

Einen Block weiter entdecken wir einen offenen Laden mit allem, was man zum Überleben braucht. Daneben gibt es auch die üblichen Andenken, von der Postkarte bis zum lebensgroßen Plastiktroll mit Fellbesatz. Lebensgroß? Gehören Trolle nicht eher zu den Zwergen? Oder vielleicht sogar zu den Riesen? Wer sagt denn, dass sie gerade so groß sind wie ein etwa achtjähriges Kind? Ich kann mir die Frage nicht beantworten, und stelle sie vorsichtshalber mal nicht laut; ich will mich ja nicht blamieren.

Aber die Postkarten lassen Traudl nun nicht mehr los. „Wenn wir jetzt schon nach Hause schreiben, kommen die Karten vielleicht noch vor uns an!?" Ich kann dem nichts entgegensetzen, und wir kaufen drei schöne Ansichten von Ålesund, natürlich mit Apotheke und Hafen, Jugendstilhaus und Hafen, Apotheke mit Fischerdenkmal. Briefmarken? Stamps? Was das auf Norwegisch heißt, wissen wir nicht. Mit Fingerzeig auf den Platz auf der Karte, wo die Marke hingehört, schüttelt die Kassiererin den Kopf. Na, dann eben nicht. Wir sind ja noch länger in Norwegen.

Im Laden hängt auch eine Uhr. Nein, nicht eine, sondern dutzende; mal mit Rentier, mal mit Bild von Ålesund, mal – natürlich – mit Troll. Die Mehrheit zeigt auf etwa 16 Uhr. Wir müssen los!

Wir sind nicht die Letzten, die an Bord gehen, werden aber mit einem kurzen Tuuut des Schiffshorns empfangen. Aha, die Ankündigung des Auslaufens. Es geht weiter.

Bitte recht freundlich!

Ein kurzer Aufenthalt in der Kabine. Die Postkarten werden erst mal schön vor dem Spiegel drapiert, der Schirm wandert in den Schrank, denn den hätten wir uns heute sparen können; während unseres Spaziergangs durch Ålesund haben sich doch glatt die Wolken komplett verzogen und der Sonne freien Lauf gelassen. „Das war unsere Schönwetterversicherung!" stellt meine Frau fest. „Ja, ich weiß: Es funktioniert auch wenn man nicht daran glaubt!" Irgendwo habe ich diesen Satz doch schon mal bemüht… ach ja, bei der Brückendurchfahrt nach Bergen!

Jetzt aber schnell an Deck, die Sonne genießen. Auf dem kleinen Sonnendeck in Stockwerk 8 drängeln sich schon die Sonnenanbeter. Obwohl wir erst März haben, fühlt es sich an wie im Frühsommer – zumindest an den Stellen des Schiffs, die windgeschützt sind. Unser Schiff dreht gerade von seinem Liegeplatz ab, und die Schnauze, pardon der Bug, zeigt wieder in die Richtung, aus der wir hergekommen sind. Der Kapitän weiß hoffentlich, dass wir noch nicht nach Bergen zurückwollen?!

Unser Dampfer gibt heute andere Geräusche von sich, als während der letzten Seemeilen. Es hört sich mehr an wie ein Propellerflugzeug!? Keine fünf Sekunden später wissen wir auch warum: Hinter dem Heck der Finnmarken taucht, zwar sehr langsam aber stetig, ein knallroter Hubschrauber auf. Er ist zuerst nicht zu sehen gewesen, da er ganz knapp über dem Wasser geflogen ist; jetzt verfolgt er uns in höchstens 20 Meter Abstand? Ein Passagier, der das Schiff nicht mehr erreicht hat? Piraten? Eine Eskorte durch schwieriges Gewässer? Alles unwahrscheinlich! Wir haben noch ein paar andere Vorschläge, bis ich schließlich die Erleuchtung habe: „Was hat der denn da unter seinem Cockpit hängen? Das sieht aus wie eine professionelle Kamera! Wir werden gefilmt!!" Und tatsächlich, während der nächsten Viertelstunde umkreist uns der Heli einige Male, schwebt mal über, mal fast unter uns. Sollen wir winken? Ist das nicht zu kitschig? Während wir noch überlegen, dreht der Krachmacher schließlich ab und fliegt Richtung Ålesund zurück.

„Kommen wir nun ins Fernsehen?" fragen wir wenig später Angelika, die uns auf dem Weg zurück in die Kabine über den Weg läuft. „Vielleicht, aber solche Aufnahmen werden in erster Linie als Werbefilme für Hurtigruten gemacht. Anscheinend haben die das schöne Wetter ausgenutzt!" Und vielleicht haben sie auch nur darauf gewartet, dass **wir** die Rolle der Filmstars übernehmen…

Bis zum Abendessen ist es noch eine Stunde. Nicht, dass wir am Verhungern wären, aber die Zeit muss ja irgendwie gefüllt werden. „Ich gehe schwimmen!" Traudl zuckt zusammen; hier, im ‚kalten Norden', auf einem fahrenden Schiff? Ob ich sonst noch ganz normal sei; fragt sie mich. „Warum nicht, der Whirlpool dampft, und im Schwimmbecken war auch jemand!" verteidige ich mich. Ohne Diskussion ziehe ich meine Badehose an und darüber den dicken weißen Bademantel, der in unsere Nasszelle hängt. „Das muss ich fotografieren!" meine Frau hält mein Verhalten wohl für die größte Sensation auf unserer bisherigen Reise.

Zusammen wandern wir wieder nach oben auf Deck 7. Das muss witzig aussehen: ich in Badeschlappen (die eigentlich meine Reisehausschuhe sind) und Bademantel, daneben Traudl im Anorak, festen Schuhen und mit gezückter Kamera. Der Whirlpool ist fast leer, nur ein Schopf schaut aus dem Dampf heraus. Das Schwimmbecken ist ganz leer; abgesehen vom Wasser natürlich. In der keinen Garderobe neben den Liegestühlen lege ich den Mantel ab und stelle mich – den Baderegeln an der Wand folgend – kurz unter die Dusche. Dann trete ich wieder ins Freie und stutze: Tu ich das Richtige? Vorhin war es doch nicht so frisch? Hätte ich vielleicht nicht so warm duschen sollen? Egal, ich muss jetzt da durch, schließlich steht meine Frau schon mit der Kamera im Anschlag am Rand des höchstens 10m langen Beckens. Aber mich fröstelt. Also zuerst in den Whirlpool! Warm, sehr warm ist es im brodelnden Wasser. Der Haarschopf stellt sich schnell als zu Michael R. gehörend heraus, unserem Lektor!

Neben ein paar ausgetauschten Höflichkeiten outen wir uns beide als Bayern, er kommt aus Mammendorf zwischen Augsburg und Fürstenfeldbruck. Da auch ich gelegentlich in den Himmel schaue, frage ich ihn gleich, was es heute Abend interessantes von ihm zu hören gibt. „Und zu sehen!" betont er. Im ersten Vortrag wird er uns das Sonnensystem mit seinen Planeten vorstellen, gespickt mit den neuesten Fotos der Weltraumsonden und selbstverständlich auch mit einigen eigenen Aufnahmen.

Inzwischen bin ich fast gargekocht und steige wieder aus dem Pool. Eigenartig, jetzt kommt es mir gar nicht mehr so kühl vor, obwohl die Sonne schon sehr schräg steht. Ein paar Schritte, und ich bin wieder im angenehmen Nass; zwar nicht so warm wie im Jacuzzi, aber wenigsten auch kein Salzwasser. Der Pool gehört mir alleine!

Ich bin schon ein paar Bahnen geschwommen, da fällt mir wieder ein, dass Traudl auch irgendwo stecken müsste. Klar, sie steht an der Reling, die Kamera im Anschlag und mich im Visier. Nach ein paar Minuten habe ich mich ausgetobt. Ich schwimme zur Leiter, und in diesem Moment steht auch schon meine Frau da und hält den Bademantel vor mich hin. Das ist ein Service! Hier duschen oder in der Kabine? Ich entscheide mich für die privatere Umgebung und schlürfe hinter Traudl her zu unserem Domizil, nicht ohne eine schwache Tropfenspur zu hinterlassen. Vom Kabinenfenster aus sehe ich, dass wir in Molde sind, aber es ist nur ein Verladehafen. Und die Sonne geht gerade unter.

„Heute warst du zweimal Filmstar!" lächelt sie zu mir rüber, als ich wieder wärmere Kleidung anhabe, „Vom Hubschrauber aus und in meinen Aufnahmen."

Abendprogramm

Sport macht hungrig, und Schwimmen dazu durstig. Da ist es ein Glück, dass schon bald die Restauranttüren aufgehen werden! Heute sind wir die Ersten an unserem Tisch, und ich will den Ober nicht wieder ohne Auftrag fortschicken; ich bestelle mal ein alkoholfreies Bier als Durstlöscher. Inzwischen studiert meine Frau die Menükarte und stellt fest, dass es einen Braten gibt. Fleisch ist nicht gerade ihr Favorit, aber zwischendurch ist das schon mal in Ordnung. „Ich lass mich überraschen." kündigt sie an, dabei weiß ich, dass ihr etwas Fischiges oder ganz Fleischfreies lieber wäre.

Unsere Tischrunde füllt sich langsam, und auch mein Bier kommt. Ein Bierchen mit 0,33 Liter, für einen Bayern eine Zumutung! Und natürlich aus Preußen. Schmeckt aber trotzdem gut und stillt den ersten Durst. Den Rest macht das Wasser. Die Fischsuppe ist lecker, der Braten mit Kroketten und Blaukraut hat fast bayerische Ausmaße; meine Frau schiebt mir ein großes Stück davon herüber. Hinterher gibt es drei Käsepralinen, auch nicht schlecht. Nebenbei kommen wir mit unseren direkten Tischnachbarn ins Gespräch. Meine ‚Tischdame' und ihr Mann kommen aus dem hohen Norden Deutschlands. Ich gestehe ihr, dass ich den Ort nicht kenne. „Liegt zwischen Bremen und Hamburg im ‚Alten Land'." Mit den Streiks gab es keine Probleme, sie hatten einen direkten Flug von Hamburg nach

Bergen. Über unsere Odyssee sind sie entsetzt und wollen wissen, wer den für die zusätzlichen Kosten aufkommt. „Weiß noch nicht, das versuchen wir nach unserer Rückkehr zu klären!" gebe ich zu, denn vor ein paar Tagen war ich erst mal nur froh, dass es überhaupt geklappt hat.

Ob sie heute zum Vortrag von Michael kommen? frage ich meine Nachbarin und gleichzeitig mich, ob das nicht zu neugierig ist. „Selbstverständlich, von solchen Dingen haben wir noch gar keine Ahnung! Wo ist denn der Vortrag?" Ich schaue zu meiner Frau auf der anderen Seite und merke, dass sie unsere kleine Konversation mitverfolgt hat. „In V2!" antwortet sie für mich, und nach einer kleinen Pause „Das muss da vorne sein, wo sich die Mannschaft vorgestellt hat."

Da alle mit ihrem Dreigangmenü fertig sind, werden die Tische von einer kleinen Asiatin abgeräumt; könnte eine Philippinin sein, denke ich mir. Unser Ober kommt an den Tisch und verteilt kleine Zettel. Auch ich habe gewonnen! Und zwar 27 NOK; also rund 3 Euro. Aha, das ist die Rechnung für mein Bier! Angelika deutet mir quer über den Tisch an, dass ich dem Ober meine Bordkarte geben soll, damit er es auf die Kabine buchen kann. „Am Ende der Reise bekommen Sie eine Abrechnung, die Sie dann an der Rezeption bezahlen oder abbuchen lassen können." Auch recht, dann zahle ich den Ober eben bargeldlos per Bordkarte. Der notiert die Kabinennummer, nickt und ist schon wieder weg.

Da fällt mir ein, dass ich Angelika ja mal nach Briefmarken fragen könnte; wo, wie und welchen Wert man nach Deutschland braucht. „Weiß ich nicht." kommt die enttäuschende Antwort, aber dann „Normalerweise geben wir die Post an der Rezeption ab. Die Leute dort kümmern sich darum, dass sie im nächsten Hafen von Bord und mit Briefmarke versehen in einen Briefkasten kommt. Die Kosten werden dann auch der Kabine belastet." Wenn das nicht praktisch ist; das werden wir nachher gleich mal ausprobieren.

Es ist halb Acht vorbei, und wir verlassen die Runde in Richtung Kabine. Die anderen sitzen noch bei einem Gläschen Wein oder Bier und werden wohl erst direkt zu unserem Vortrag gehen. Wir legen noch ein paar Minuten die Beine hoch und verdauen vor uns hin. „Wenn es morgen wieder solche Fleischberge gibt, dann streike ich!" kündigt meine Frau an. Na, warten wir es ab, denke ich!

Kurz vor 20 Uhr brechen wir wieder auf; diesmal ganz vor in den Bug der Finnmarken auf Deck vier, dorthin, wo uns der Kapitän begrüßt hat. Von den vier Türen ist nur eine geöffnet, an der Wand steht ‚V2 - reserviert'. Die ganze Gruppe ist schon da, einschließlich Angelika und Michael. Heute sind die Trennwände eingezogen, und wir haben gerade so Platz in vier Stuhlreihen. Der Beamer projiziert ein Bild unseres Sternensystems auf die Wand vor uns, in der Ecke steht ‚Michael R.'; nein, nicht er selbst in der Saalecke, sondern sein Name in der rechten unteren Ecke des Bildes.

Er begrüßt uns und erzählt ein bisschen aus seiner Vita, bevor er zum eigentlichen Thema ‚Sterne und Polarlicht' kommt. Es werden insgesamt sechs Vorträge sein, und dazwischen wird er uns natürlich sofort informieren, wenn die Chancen auf Polarlicht groß sind. Dazu ist er abends meist in der höchstgelegenen Bar auf dem Schiff zu finden. Ob er nur des Himmels wegen in der Bar ausharre, wird er durch einen Zwischenruf gefragt. Die Antwort bleibt es augenzwinkernd schuldig und legt dafür mit seinem ersten Thema los.

Der Vortrag ist lebendig und informativ zugleich, wenn auch für uns inhaltlich nicht gerade neu. Aber die Fotos, die er zeigt, sind schon alleine die Stunde wert, die das Referat dauert.

Nach dem offiziellen Ende frage ich ihn noch, wie er denn die Fotografien gemacht habe. In Mammendorf hat er ein Häuschen mit Garten, und von dort aus schaut er mit einem mittelgroßen Teleskop in den Himmel. Durch die ländliche Gegend hält sich die Lichtverschmutzung so weit in Grenzen, dass er speziell im Winter einigermaßen gute Bilder machen kann.

Wir bedanken uns für den guten Vortrag und ziehen uns als eine der Ersten in unsere Kabine zurück. Draußen rumpelt es. Schon wieder ein Hafen??

Nirosta

„Kristiansund" stellt Traudl beim Blick durch das Fenster fest. Aber ich bin müde. Wovon nur? Der Spaziergang in Ålesund? Der Vortrag? Das Abendessen? Ich weiß es nicht. „Gute Nacht!" murmle ich noch, dann ist der Tag für mich gelaufen.

~.~

Und wieder höre ich, ganz weit weg, ein geschäftiges Treiben irgendwo. Ich blinzle dem schwachen Licht entgegen, das durch unser Fenster hereinfällt. Es ist dämmrig draußen. Meine Frau hat davon nichts mitbekommen, sie liegt noch in ihrer Koje und schläft. Wir sind früh in Trondheim eingelaufen. Wie spät es jetzt ist? Ich angle nach meiner Uhr und erschrecke: „Gleich 7 Uhr!" stelle ich nicht ganz leise fest, und davon wird auch Traudl wach. „Was?" ist ihre erste Reaktion. „Wir haben einen Ausflug um acht! Willst du heute nicht frühstücken?" Ich weiß, eine rhetorische Frage. Aber sie hat meine Gattin auf die Beine gebracht. „Morgen stellen wir aber einen Wecker!" empfiehlt sie. ‚Warum?', frage ich mich; morgen haben wir doch gar keinen Ausflug vor!

In neuer Rekordzeit wechseln wir uns im Bad ab und springen in unsere Kleidung. Der Blick aus dem Fenster hat gezeigt, dass der Himmel stark bewölkt ist, also richten wir uns auf Kälte und eventuelle Regen ein. Keine 20 Minuten später sitzen wir im Restaurant, diesmal an einem Backbord-Fenster. Da können wir den Ladetätigkeiten nebenbei zuschauen.

Rührei mit Speck und gegrillter Tomate auf meiner Seite des Tisches, Pancakes mit Bohnen und zwei Tomaten auf Traudls Seite; dazu Orangensaft und zweierlei Tee. So kann der Tag starten! Aber wir haben nur eine knappe halbe Stunde, also fällt heute der Obstnachtisch aus.

Wir eilen nochmal in unsere Kabine und holen unsere Landgangausstattung: Anorak, Fotoapparat, kleine Tasche mit etwas Knabberzeug (falls das kleine Frühstück nicht bis heute Mittag reichen sollte) und einem kleinen Schirm (zumindest als Versicherung, damit es nicht regnet). „Bordkarte und Ausflugsticket?" erinnert mich meine Frau, aber beides ist schon in meiner Brusttasche. „Also los!" kommandiere ich, und inzwischen finden wir den Weg zum Ausgang und der Gangway ohne groß nachdenken zu müssen. Der Scanner piepst zweimal, und wir sind wieder von Bord.

Neben der Gangway am Kai steht ein Bus, und vor dem Bus Angelika. „Heute wird es etwas enger im Bus," meint sie, als sie unsere Tickets entgegennimmt, „denn es haben sich noch ein paar andere Mitreisende angemeldet." Nun ja, wir bekommen noch zwei Sitze nebeneinander, und ich soll ans Fenster. „Dann kannst du besser fotografieren!" argumentiert Traudl. Dabei hasse ich es, aus einem Bus heraus durch die Scheibe Aufnahmen zu machen. Diese Art von Schnappschüssen wird meist unbrauchbar wegen der Spiegelung, weil man zu leicht das Bild verreißt oder weil das Motiv angeschnitten ist.

Wir legen ab, oder – besser gesagt – wir fahren ab. Heute gibt es keinen lokalen Reiseleiter, und so richtet Angelika

das Wort an uns. Wir fahren zunächst auf einen etwas er-
höhten Punkt oberhalb Trondheim und schauen auf die
Stadt herunter. Wir erkennen, dank der Hinweise unserer
Führerin, den Fluss Nidelva, der sich eng durch die Stadt
schlängelt. Nahe seiner Mündung in den weitläufigen
Trondheimfjord liegt auch unsere Finnmarken im Hafen.

Die Stadt wird überragt von den Türmen einer großen
grauen Kirche, des Nidaros-Doms. „Den werden wir uns
später aus der Nähe anschauen!" informiert uns Angelika. Unser Blick schweift über viele Häuser und, am
Rand der Stadt, über einige Fabrikgebäude. Auch am Hafen sind viele Lagerhallen, nur unterbrochen durch ein
modernes Hotel- und Tagungszentrum. Mit dem Bus kurven wir wieder zwischen netten Holzvillen hindurch
Richtung Zentrum und steigen direkt am Dom aus.
„Schauen wir mal, ob ich den Nirosta-Dom aufs Bild bekomme!" überlege ich laut, denn die Türme sind schon
gewaltig. „Nidaros!" korrigiert mich meine liebe Gattin,
doch von da an heißt die Kirche bei mir ‚Nirosta'-Dom.

Nur diagonal passt wenigstens ein Turm aufs Bild. Das
macht aber nichts, denn ich kann das Bild ja später auch
gedreht in mein Fotobuch einbringen. Die Figuren an der
Kirchenfront sind mindestens lebensgroß und einige hell,
andere dunkelgrau. Angelika kennt die Antwort: Obwohl
die Gründung einer Kirche an dieser Stelle auf das 11.Jh.
zurückgeht, wurde sie mehrmals durch Brände bis auf die
Grundmauern zerstört und wiederaufgebaut. Gerade der
Turm über der Vierung war sehr anfällig. So stammen
die verschiedenen Teile, und damit auch die Figuren, aus
unterschiedlichen Epochen. Dennoch sei dies die nördlichste mittelalterliche Kathedrale.

Innen wirkt das Kirchenschiff fast noch größer. Auch die rot und blau verglaste Rosette kommt jetzt erst zur Wirkung, da von außen ein bisschen Sonne hindurchscheint. Ein reich verziertes Taufbecken zieht unsere Aufmerksamkeit auf sich. „Gustav Vigeland hat es Anfang des 20.Jh. erschaffen, genau wie die vielen eindrucksvollen Statuen im Vigeland-Skulpturenpark in Oslo." erzählt Angelika. Mit „In 15 Minuten im Kirchenshop!" schickt sie uns noch auf eine Eigenerkundung der Kirchenschätze.

Wir sind schon etwas früher am Treffpunkt und durchstöbern die Andenken, natürlich in erster Linie Karten und Bücher zum ‚Nirosta'-Dom, aber auch zu seiner weltberühmten Orgel. Da wir sie nicht gehört haben, entscheiden wir uns für den Erwerb einer CD, nachdem wir verschiedene Scheiben kurz haben anspielen lassen.

Vor Dom und Laden trennen wir uns wieder und haben rund eine Stunde Freizeit. Treffpunkt ist wieder an der Ausstiegsstelle, aber wir verabschieden uns, da wir die kurze Strecke zum Hafen zu Fuß zurücklegen wollen. Der inzwischen einsetzende leichte Nieselregen stört uns nicht.

Zum Abschied lässt der Dom seine Glocken erklingen, aber leider kann ich das 11-Uhr-Läuten nicht auf einem Foto bannen…

Stadt im Wasser

Anhand eines kleinen Stadtplans versuchen wir uns zu orientieren. Der Dom ist selbstverständlich eingezeichnet, unser Schiff aber nicht. Dafür der Hafen, und ich kann mir ungefähr vorstellen, wo die Finnmarken liegt. „Das sind rund eineinhalb Kilometer." messe ich aus dem Plan. „Da können wir noch eine Runde drehen." Statt direkt zum Hafen zurückzugehen, folgen wir einer kleinen Anlage und kommen zur Nidelva an einer Stelle, an der eine alte Holzbrücke über den Fluss führt. Das Wasser hat hier eine Breite von 40 bis 50 Metern, und beide Ufer sind mit mehrstöckigen Lagerhäusern aus Holz bebaut. Die ragen aber nicht bis in den Fluss, sondern stehen auf unzähligen Holzstelzen, die gerade auch noch ein, zwei Meter aus dem Wasser schauen. Die Häuser selbst sind schön bunt, jedes in einer anderen Farbe. Wir erinnern uns an Bergen mit seinem Hanseviertel; vielleicht dienten auch hier die Farben der besseren Orientierung.

Die andere Seite des Flusses hinter den Lagerschuppen wird von Wohnhäusern bestimmt. Hier tummeln sich auch einige Kinder, die einen Riesenspaß mit einem großen Karton haben, möglicherweise von einer Waschmaschine. Sie stellen sich abwechselnd hinein und versuchen eine Art Sackhüpfen, was aber meistens nach mehreren Hüpfern zum Umfallen des menschlichen Kartons führt.

Zwischen zwei Häusern hindurch kommen wir wieder zur Nidelva. „Hier hat ein Schiff seinen Anker verloren!" scherze ich, denn auf der schmalen Uferbefestigung liegt ein alter Stockanker, mindestens vier Meter lang. Gegenüber setzt sich die Reihe der Stelzenhäuser fort. Zumindest entlang des Flusses scheinen alle Gebäude auf diesen Holzstämmen zu stehen; Venedig lässt grüßen!

Immer in der Nähe des Flusses, nähern wir uns dem Hafengelände. Zwischen diversen abgesperrten Gebieten, schaffen wir es, einen Zugang zu den Anlegeplätzen zu finden – allerdings ohne Finnmarken. Dafür passieren wir das Konferenzzentrum, das wir auch schon von der Anhöhe aus gesehen haben. Es ist zwischen all den bunten Holzhäusern und tristen Lagerhallen auffallend modern, mit viel Glas und Metall. Im Hafen liegen wenige Schiffe, nur ein paar kleinere Sport- und Kabinenboote sowie ein Fischkutter.

Unser Suchblick wandert etwas weiter nach rechts, und prompt entdecken wir über eine der flachen Hallen den Schornstein unseres schwimmenden Hotels herausragen. Wir haben also noch ein ganzes Stück zu laufen. „Wir hätten uns gleich weiter rechts halten sollen!" stellt meine Frau fest, und spätestens jetzt weiß ich es auch.

Kurz bevor wir unser Schiff erreichen, bricht nun endgültig die Sonne durch. Dann liegt die Finnmarken strahlend vor uns. „Halt! Das muss ich fotografieren!" rufe ich meiner vorauseilenden Gattin zu. Sie dreht sich um und ich drücke genau in dieser Sekunde ab. Dann setzt sie ihren flotten Schritt Richtung Gangway fort. Was pressiert denn so, denke ich; wir haben doch noch fünf Minuten Zeit! Gerade rechtzeitig also schaffe ich es auch noch mit gezückter Bordkarte am Scanner vorbei. ‚Also, warum legen wir nicht ab? Wir sind doch an Bord!' denke ich, muss mich aber erst mal beeilen, meiner Frau zu folgen. In der Kabine ist sie nicht, aber im ‚Badezimmer'. Aha, darum hat sie es also so eilig gehabt…

Es ist kurz vor 12 Uhr. Der Spaziergang, der dem Ende zu zum strammen Marsch wurde, hat anscheinend einige Kalorien verbraucht, denn mein Magen meldet sich und fordert Nachschub. Sobald wir uns des Anoraks bzw. des Mantels entledigt und Kamera sowie Schirm verstaut haben, sind wir schon wieder auf dem Weg zur Futterstelle.

Unser Tisch ist schon fast komplett, nur Angelika fehlt noch. Das Buffet bietet auch heute für alle Geschmäcker etwas: wir beginnen mit einer bunten Salatmischung und arbeiten uns zu den warmen Gerichten vor. Inzwischen haben wir gelernt, dass wir nur noch sehr kleine Portionen holen. So können wir mehrere Angebote verkosten, ohne hinterher ein schlechtes Gewissen haben zu müssen.

Unsere Tischnachbarn waren mit dem Bus zurückgekommen und daher auch schon eine gute halbe Stunde eher an Bord. In der Zwischenzeit haben sie das Schiff von oben bis unten abgelaufen und dabei einen Fitnessraum mit den üblichen Trainingsgeräten entdeckt. Auch eine Krankenstation mit Hospital haben sie tief im Schiffsbauch gefunden. „Eigentlich eine richtige schwimmende Stadt!" Was sollte mich also daran hindern, nochmal zum Buffet zu gehen? Gegen leichte Überfüllung kann ich ja mich ein bisschen zusätzlich am Crosstrainer oder auf dem Laufband bewegen. Und wenn es ganz schlimm kommt, dann hilft mir die Krankenstation!

Draußen ziehen wieder die Häuser an den Panoramafenstern des Restaurants vorbei. Es geht weiter nach Norden, aber erst müssen wir aus dem Trondheimfjord heraus. Diese Ausfahrt wäre auf dem Panoramadeck sicher schön, so zwischen den einzelnen Buchten und Inseln hindurch. Da kommt Angelika angekeucht. „Gerade recht zum Nachtisch." kommt eine Bemerkung vom andern Tisch unserer Gruppe, aber es ist natürlich auch für unsere Reiseleiterin noch von allem da.

„Ich hatte noch ein längeres Gespräch mit dem Bordreiseleiter wegen morgen. Am Vormittag überqueren wir den Polarkreis. Da kommt hoher Besuch an Bord, Neptun höchstpersönlich!" Angelika erklärt, wer an der Polartaufe teilnehmen möchte, solle sich den Vormittag so einteilen, dass er gegen 9 Uhr am Swimmingpool sein kann. Und man soll sich warm anziehen!

Ob sie das wörtlich oder im übertragenen Sinn meint, ist mir noch nicht ganz klar. Aber für heute sind wir erst mal total zufrieden und gehen auf dem Weg in unsere Kabine noch eine Runde über das Promenadendeck.

„Oben in der Bar gibt es sicher Tanzmusik!" deutet meine Frau an. Ich überhöre das geflissentlich.

Ein halber Seetag

Der Nachmittag selbst ist wenig spektakulär, im Gegensatz zur Landschaft um uns. Rechts, pardon steuerbord, zieht sich eine Bergkette am Ufer entlang, so dass nur an wenigen Stellen kleine Orte zu entdecken sind. Wobei ‚Orte' schon übertrieben ist, es sind meist einzelne Häusergruppen, also zwei oder drei bunte, einstöckige Gebäude. Wenn dann auf einer kleinen Felseninsel ein Leuchtturm auftaucht, wird natürlich sofort die Kamera gezückt und der Turm von allen Seiten – soweit vom Schiff aus sichtbar – fotografiert.

Dazwischen wollen nun auch wir wissen, wo der Fitnessraum ist. Ganz oben auf Deck 8 werden wir fündig. Mehrere Geräte stehen schön aufgereiht an den beiden Seitenfenstern des kleinen Raumes und warten auf ihre Nutzung. Ich kann es mir nicht verkneifen, und setze mich auf ein Trimmrad. Traudl steht daneben und hat eine ihrer glorreichen Ideen: „Warum nutzen die", und damit meint sie wohl die Schiffskonstrukteure, „die hier freiwerdende Energie nicht für was Sinnvolles? Zur Stromerzeugung vielleicht, oder als Beitrag zum Schiffsantrieb?" Ich enthalte mich meiner Meinung. Stattdessen entdeckt meine Frau einen Satz Hanteln und beginnt, ihre Muskeln zu stählen. Nach einer ausgiebigen Trainingseinheit von zirka 3 Minuten verlassen wir die Folterkammer wieder.

Gegen Nachmittag scheint das Wetter immer besser zu werden. Die Sonne verlockt uns doch glatt dazu, zwei Liegestühle im Windschatten zu suchen und etwas auszuruhen. Ich nutze die Zeit dazu, die Empfangsbedingungen für das Handynetz in dieser abgelegenen Gegend zu testen. „Eigentlich gar nicht so schlecht!" berichte ich das Ergebnis meiner Frau, denn meist habe ich sogar zwei Balken auf dem Display. Das scheint sie aber nicht groß zu interessieren, denn es kommt keine Reaktion.

„Ich gehe jetzt runter und richte mich fürs Abendessen!" ist das einzige, was ich nach einer ganzen Weile von meinem Nachbarliegestuhl zu hören bekomme, während ich noch halb dösend in die tiefstehende Sonne blicke.

Beim Abendessen taucht wieder das vertraute Bild auf: Eine größere Anzahl an Wohnhäusern zieht an den Restaurantfenstern vorbei; wir fahren in den Hafen von Rørvik ein. „Schlechtes Timing!" stelle ich fest. Eigentlich sind doch gerade die Hafenein- und ausfahrten interessant. Und gerade dann sitzen wir regelmäßig beim Essen!

Mit vollem Magen in der Kabine angekommen, stelle ich bei der Durchsicht meiner Aufnahmen fest, dass ich mal wieder viel zu viele Fotos gemacht habe; in Trondheim alleine über 60. Traudl liest im Reiseführer nach, ob wir auch an allen wichtigen Plätzen waren. „Die Tourist-Info wäre in einem schön erhaltenen Jugendstilhaus gewesen." Sie bedauert, dass wir dort nicht waren. Auf unserem kleinen Stadtplan finde ich das blaue ‚i' auf der anderen Seite der Nidelva und erinnere mich vage, dass wir mit dem Bus daran vorbeigefahren sind. Schnell blättere ich durch meine Fotos, aber das ‚i' ist nicht dabei; hätte ich ja auch während der Fahrt durch die Busscheibe machen müssen.

Mein Blick fällt auf die Ansichtskarten am Spiegel. Sollten wir die nicht mal schreiben? Oder nehmen wir sie mit nach Hause? Ich hole mir die Karten her und wende mich an Traudl: „Für wen ist welche Karte? Ich schreib dann schon mal die Adressen!" biete ich mich an, denn das ist unsere übliche Aufgabenteilung: ich fülle die rechte Hälfte aus, und meine Frau die linke. Dabei habe ich meine Aufgabe schon beinahe perfektioniert, denn die üblichen Adressen habe ich schon daheim in ausreichender Stückzahl auf Etiketten gedruckt. Jetzt brauche ich sie nur abzuziehen und, nach Rückfrage, auf die richtige Karte zu kleben. Das Thema Briefmarken hat sich erübrigt, das macht ja angeblich die Rezeption für uns. „Vergiss deine Tante in München nicht; die hat doch nächste Woche Geburtstag!" höre ich. Erwischt! Für die Tante habe ich keinen Aufkleber vorbereitet; ich muss also doch zum Stift greifen und entlocke meinem Smartphone die Münchner Adresse.

Wir erzählen uns, schon in den Betten liegend, was für jeden von uns die Höhepunkte des Tages waren. Und es gab sogar eine Schnittmenge, der ‚Nirosta'-Dom und die kartonhüpfenden Kinder. Dann fallen mir die Augen zu.

Hoher Besuch

Obwohl heute kein offizieller Ausflug angesagt ist, haben wir doch den Wecker gestellt. Angelika hat uns ja angekündigt, dass heute Neptun an Bord käme, und das schon in aller Frühe. „Der könnte doch auch in seinem nassen Bett ausschlafen!" hat Traudl gemeint, als ich mein Handy auf 7 Uhr 30 programmiert habe. Jetzt höre ich im Halbschlaf Louis Armstrong mit dem eingespeicherten Lied „What a wonderful world…" Das ist doch die richtige Motivation für einen neuen Tag!

Toilette im Wechselbetrieb, ankleiden und ab zum Frühstück. Auch heute Morgen ist es draußen wieder trübe, und wir diskutieren am Tisch, ob sich bei diesem Wetter der Meeresgott überhaupt sehen lässt. Auf Grund der Erkenntnis, dass er ja schon an Bord sein muss und wohl nur von einem Besatzungsmitglied gespielt wird, werden wir um die Taufe doch nicht herumkommen. Wir machen uns daher alle rechtzeitig auf, um seine Hoheit gebührend zu empfangen. Der Nachbar meint „Ich hole nur noch schnell die Kamera aus der Kabine!", und ich finde, das ist eine gute Idee und folge dem Vorbild. Meine Frau will ich dann wieder auf Deck 8 treffen.

Mit Fotoapparat, meiner Fleecejacke und darüber dem Anorak bewaffnet fahre ich per Lift auf das Sonnendeck. Leer. Keiner da. Soll das eine Überraschungsparty werden? Ein Saubermann ist dabei, die Liegestühle aufzustellen und die von der Nacht feuchten Stühle abzutrocknen. „Wo ist Neptun?" frage ich ihn mit möglichst wenigen Worten, damit auch ein Norweger meine Frage richtig deuten kann. In einwandfreiem Englisch bekomme ich die Antwort, dass ich auf Deck 7 zu den Pools müsse. Oh, ein Fehler meinerseits! Angelika hat doch gesagt, dass wir uns am Swimmingpool treffen…

Eine Treppe tiefer am Heck hat sich auch schon das ganze Schiff versammelt. Zum Glück ist Neptun nicht vorpünktlich. Ich halte erst mal Ausschau nach meiner Gattin und sehe sie am Fußende der gegenüberliegenden Treppe stehen. „Tschuldigung!" murmle ich vor mich hin, während ich mich durch die dicht stehenden Passagiere durchzwänge. „Wo ist denn…" will ich gerade fragen, da werde ich vom Lautsprecher neben mir zum Schweigen gebracht.

Ein Donnern und Grollen erschallt über das Pooldeck, und eine tiefe Stimme dröhnt darüber: „Der Herrscher der sieben Meere und allen Getiers darin und darauf hat unsere Finnmarken betreten. Niederes Volk, senkt die Häupter und empfangt ihn mit einem tosenden Applaus, wie er es von den Sturmwellen am Felsenufer gewöhnt ist!" Das Deck kocht, aber keiner senkt den Kopf, denn alle versuchen Neptun zu entdecken. „Da!!" rufen einige aus dem ‚Volk', und prompt sehen wir Neptun die gleiche Treppe herunterschreiten, über die ich auch hierhergekommen bin. Der Meeresgott ist nicht allein: Mit ihm kommen zwei ‚Nixen', die nicht hässlicher hätten sein können, mit Tang und alten Fischernetzen bedeckt, genau wie ihr Anführer. Hinter ihnen ein paar Besatzungsmitglieder mit allerlei Utensilien. Neptun ergreift ein Mikrofon und röhrt etwas Unverständliches mit einer angsteinflößenden Stimme hinein. Zum Glück steht der Bordreiseleiter daneben und übersetzt. Er sei verärgert, dass man ihn so früh aus seinem Bett geholt habe. „Habe ich doch gleich gesagt, dass wir später hätten kommen sollen." flüstert mir meine Frau zu. Und dazu befahren wir auch noch sein Gewässer, ohne vorher um Erlaubnis gefragt zu haben. Er sei aber bereit, darüber hinwegzusehen, wenn wir uns durch die Taufe seiner Umgebung würdig erweisen würden. Drei Tests müssten wir dafür bestehen.

Als erstes winkt Neptun nun ein Streifenhörnchen mit einer großen Schale her. Aus ihr holt er einen seiner Mitbewohner heraus, einen rund einen Meter langen, dicken Fisch. ‚Liebet die Fische' heißt die erste Probe, der wir uns unterziehen müssen. Das heißt, jeder muss den Fisch aufs Maul küssen! Die Nixen tragen das Ungeheuer an uns vorbei und halten es, Maul voraus, uns entgegen. Wenn die Meerjungfrauen nicht so schrecklich hergerichtet wären, dann hätte wohl mancher Teilnehmer die Nixen lieber mit dem Fisch verwechselt. Meine Frau spitzt die Lippen und erfüllt die Aufgabe mit Bravour. Ich tue es ihr gleich.

Test Nummer zwei lautet ‚Der Kälte widerstehen'. Dazu defilieren wir an Neptun vorbei, der uns großzügig mit einer Suppenkelle der Extragröße eine Portion Eiswürfel in den Kragen kippt. Wer sich den Halsausschnitt zuhält, bekommt seine Ladung von hinten in die Hose. Ich bin dran und überlege kurz, welche Variante mir lieber wäre, und entscheide mich für die Kälte von oben. Ja, das ist richtig frisch und vor allem nass! Dafür schließt sich die Mutprobe als Abschluss direkt an den Kälteschock an. Uns wird ein Gläschen Hochprozentiges gereicht, das wir mit einem Schluck austrinken müssen. Ich habe das Gefühl, mir wird ein besonders großer Schluck eingeschenkt und kippe ihn in mich hinein. Das ist wirklich hochprozentig! Aber wahrscheinlich ein guter Ausgleich zu meinem triefenden, kalten Rücken.

Wie ergeht es Traudl? Vor lauter Konzentration auf die bevorstehenden Tests habe ich sie glatt aus den Augen verloren. Aber da steht sie, keine drei Meter vor mir und ist vollauf damit beschäftigt, mich nicht aus dem Kamerablickwinkel zu verlieren. Übung zwei und drei hat sie vorsorglich gar nicht mitgemacht! Ob das Neptun durchgehen lässt? „Feigling!" rufe ich ihr zu, aber sie lächelt nur zurück. Inzwischen ist die Prozedur vorbei und Neptun verabschiedet sich, nicht ohne uns eine gute Reise zu wünschen. Unter viel Gelächter und Gezitter wandern die Täuflinge mit ihrem Gefolge zurück in die Kabinen, um sich trockenzulegen. In unserem ‚Briefkasten' an der Kabinentüre stecken zwei Blatt Papier mit formellem Aufdruck. „Schau, ich habe auch ein Polarkreis-Zertifikat bekommen!" freut sich Traudl, während ich mich schnell unter die warme Dusche stelle.

Es wird Winter

„Wir kommen nach Ørnes!", ruft meine Frau in unsere Badkabine. Jetzt möchte ich aber doch mal beim Einlaufen in einen Hafen dabei sein! Schnell wie der Wind ziehe ich mich wieder mit einem frischen Hemd und der leichten Jeans an und bin bereit für eine Außenrunde. „Willst du nicht eine Jacke draufziehen?" fragt meine bessere Hälfte skeptisch. Will ich eigentlich nicht, aber ich tue es dann doch. Mit dem Fotoapparat in der Hand machen wir uns auf und sind gerade noch rechtzeitig auf dem Außendeck, als wir die rot-grüne Hafeneinfahrt passieren. Nebenbei ziehe ich den Hurtigrutenfahrplan aus meiner Hosentasche und suche Ørnes. „15 Minuten!" lese ich vor und stelle fest: „Keine Zeit, um an Land zu gehen."

Während sich unser Dampfer der Kaimauer nähert, lasse ich meinen Blick in die Ferne schweifen. Die Berge sind gar nicht weit von der kleinen Bucht entfernt, in der wir nun liegen. Aber sie haben sich verändert. Haben wir in Bergen nur grüne Hügel gesehen und dann in Ålesund Berge mit weißen Spitzen, so sind die Berge nun bis ins Tal beziehungsweise fast bis an den Küstenstreifen herunter weiß. Nur da, wo die Bäume dichter stehen, sieht es noch grüner aus. Dabei merke ich, dass mir eine Kleidungsschicht mehr wirklich nicht geschadet hätte.

Wir schauen wieder beim Aus- und Einklappen der Gangway und des Ladetors zu, mehr können wir hier nicht unternehmen. Dazwischen kommen doch glatt ein paar neue Leute an Bord und uns wird wieder bewusst, dass die Hurtigrutenschiffe in erster Linie Fracht- und Personenfähren sind.

Nach weniger als einer Viertelstunde werden schon wieder die Leinen gelöst, und die Finnmarken wendet elegant im Hafen, um erst einmal Richtung Westen Fahrt aufzunehmen. Sobald wir aus diesem Fjord herausgekommen sein werden, wenden wir uns wohl wieder gen Norden.

„Heute Mittag kommen wir nach Bodø, da haben wir mehr Aufenthalt und können von Bord." stelle ich bei der Analyse des Fahrplans fest. „Fast drei Stunden. Aber dafür müssen wir schnell Mittagessen!"

Bis zur Mittagsfütterung ist aber noch genug Zeit, in der Kabine etwas Ordnung zu schaffen. Die Postkarten stehen immer noch am Spiegel, zwar schon mit den Adressen versehen, aber noch ohne persönlichen Text. Deshalb nimmt Traudl sie sich jetzt vor. Während sie schreibt, schaut sie immer mal wieder zu mir her und will wissen, wie der eine oder andere Ort hieß. Ich lese ihr die Namen aus dem Fahrplan vor und merke dabei, dass wir fast die Hälfte der Häfen verschlafen haben. Schließlich sind alle drei Karten geschrieben. „Wir gehen auf dem Weg ins Restaurant an der Rezeption vorbei und schauen, dass wir die Karten loswerden." schlägt Traudl vor. „Dann können wir ja gleich loslaufen!" äußere ich mich, denn es geht auf Mittag zu.

Ein paar Minuten später sind wir unterwegs hinunter auf Deck 3, zur Rezeption gleich neben dem Ausstieg. Mit den Karten in der Hand erkennt die junge Dame sofort, was wir wollen, und hält uns ein Formular entgegen. Anzahl und Kabinennummer trage ich ein, und daneben meine Unterschrift. Dann verschwinden unsere Karten in einer Schuhschachtel. Und wir schlagen den Weg zum Restaurant ein.

Das Buffet ist wieder sehr verlockend. Ich bleibe fast ausschließlich bei den kalten Vorspeisen, dafür bediene ich mich dreimal an der kalten Theke. Wenn es schon abends immer ein warmes Menü gibt, muss es mittags nicht auch noch ‚warm' sein. Unsere Nachbarn wollen auch in Bodø von Bord gehen und sind daher auch schon bald mit dem Essen fertig.

Nachdem ich mir eine wärmere Hose angezogen und wir unsere übliche Ausrüstung zusammengesucht haben, verlassen wir die warmen Innenräume des Schiffs und schauen vom Panoramadeck aus zu, wie wir in Bodø anlegen wollen. Diesmal muss unsere Finnmarken hinter einem anderen Hurtigrutenschiff einparken, direkt hinter der ‚Trollfjord'. Die ist fast genauso groß wie unser Dampfer, aber sieht mit ihren verglasten Oberdecks noch etwas moderner aus. An der Trollfjord herrscht schon reges Ladetreiben, und wir amüsieren uns über die Leute an Bord, die uns heftig zuwinken, als ob sie noch nie ein Schiff gesehen hätten. Wir winken freundlich zurück.

Kaum haben wir festgemacht, stehen wir beide schon an der Ausgangstüre und beobachten, wie die Gangway automatisch ausgefahren und aufgeklappt wird. Technisch finde ich das einfach faszinierend, wie mein spitzohriger Serienheld aus der Zukunft sagen würde.

Wie jeden Tag bisher, verziehen sich die Wolken langsam und die Sonne lässt die weißen Hänge der nahen Berge herrlich leuchten. „Solche Berge müsste man bei uns zum Skifahren haben!" entfährt es mir, obwohl ich schon seit Jahren nicht mehr auf den ‚Bretteln‘ gestanden bin. „Da fehlen aber die Skilifte." raubt mir Traudl die Illusion, hier einen künftigen Winterurlaub einzuplanen.

Wir streunen durch das, was wie eine Hauptstraße aussieht und studieren die Auslagen. Dabei muss ich immer wieder zum Smartphone greifen, um mit dem Taschenrechner die NOKs in EURs umzurechnen. Schuhe sind hier demnach auch nicht billiger, die Lebensmittel im kleinen Supermarkt aber doch deutlich teurer als bei unseren Diskountern. Irgendwie zieht es in den Straßen. Zum Glück stoßen wir auf eine Einkaufspassage, in der wir uns etwas aufwärmen können. Auf einer Bank prüfe ich mal wieder den Handyempfang. Null Balken.

So aufgewärmt treten wir wieder auf die Straße und finden direkt vor der Tür einen Stand mit geräucherten und luftgetrockneten Fisch- und Fleischspezialitäten. Natürlich gibt es auch ein Probierstückchen, und wir sind über den guten Geschmack von getrocknetem Walfleisch erstaunt.

Klar, dass wir ein eingeschweißtes Stück davon mitnehmen; es soll mindestens 3 Monate halten. Das reicht.

„Aber wenn wir schon hier sind,“ gebe ich zu bedenken, „könnten wir doch auch gleich ein Stück vom Rentier oder Elch mitnehmen!?“ Da wir uns nicht entscheiden können, wird es eben von Beiden ein Stück.

Langsam gehen wir mit unseren Schätzen nun zurück und überlegen, ob wir gleich nochmal an einem Geldautomaten Halt machen sollen. Es kommt aber keiner. Dafür kommen wir am Sporthafen vorbei, da wir jetzt nicht mehr durch die zugige Straße laufen, sondern immer am Wasser entlang. Da liegen schon ein paar nette Bötchen; schnittige weiße Yachten, auf denen es sicher gut leben und herumkreuzen ließe. Aber der Star des Hafenbeckens ist ein vollständig renovierter Holzsegler, so etwa 16 Meter lang. Aber wir müssen weiter, denn langsam geht unsere Freizeit zu Ende. Die Sonne hat uns in der Zwischenzeit gut aufgewärmt, so dass ich schon mit offenem Anorak unterwegs bin. Aber morgen nehme ich trotzdem ein Stirnband mit!

Am Liegeplatz der Finnmarken angekommen stellen wir fest, dass die Trollfjord inzwischen wieder unterwegs ist. Am Kai ist auch bei unserem Schiff keine Ladeaktivität mehr zu sehen. Nur über die Gangway laufen ein paar Leute, denen wir uns anschließen. Piep, piep, und wir sind wieder ‚zuhause‘.

Wind 8

Den Weg in unsere Kabine kennen wir schon auswendig – haben wir gedacht. Aber etwas hat sich verändert! Uns fällt auf, dass an den Geländern, die nicht nur an Treppen angebracht sind, sondern auch in den Gängen, weiße Papierbeutel stecken. „Sollen wir heute Abend eine Marschverpflegung vom Essen mitnehmen?" scherze ich bei näherer Untersuchung einer der Tüten. Aber mir ist schon klar, dass es sich bei den Behältnissen um sogenannte ‚Spucktüten' handelt. Im Unklaren darüber, warum gerade heute Nachmittag diese Vorkehrung getroffen werden sollte, packen wir erst uns und dann unsere Einkäufe aus.

„Wohin mit den Fleischpaketen?" Ich schaue Traudl fragend an. „Müssen die in den Kühlschrank?" - „Besser wird es wohl sein!" bekomme ich zur Antwort und kniee mich schon mal vor die kleine Minibar, wie wir sie auch von diversen Hotels kennen. Die ist natürlich vollgestellt mit Fläschchen aller Art; Bier, Cola, Wein und Sekt müssen ausquartiert werden und wandern in unseren Kleiderschrank neben die Schuhe. Warum Nüsschen und Schokoriegel auch im Kühlschrank sind, weiß wohl nur Neptun alleine. So, Platz ist jetzt genügend da, und unsere drei Pakete sind gut verstaut.

Noch liegt die Papiertüte auf dem Tisch, die ich vorsorglich mal mit in die Kabine genommen habe. „Schau mal auf die Landkarte, wohin es als Nächstes geht!" rät meine

Gattin und da dämmert es mir: Mit Bodø werden wir den geschützten Raum inmitten der Inseln und Inselchen verlassen, die der Küste vorgelagert sind und zwischen denen wir uns bisher hindurchgeschlängelt haben. Jetzt geht es über den Atlantik! Zwar nicht gerade nach Amerika, aber immerhin rund 60 Seemeilen hinüber auf die Lofoten. Stamsund ist unsere nächste Haltestelle heute Abend gegen 19 Uhr, und das liegt schon ziemlich weit vom Festland entfernt.

Draußen rumort es, wenn auch leise, so doch deutlich wahrnehmbar. Unsere Schiff-Land-Verbindung wird getrennt! „Ich gehe an Deck und schaue zu!" informiere ich Traudl, „Kommst du mit?" Die Antwort fällt wie erwartet aus. Meine Frau ist schon immer lieber im Freien als in der Wohnung zuhause, und erst recht lieber draußen als in der doch räumlich bescheidenen Kabine. Aus der Kabine raus, rechts herum, dann links zur Treppe, eine Etage nach unten und durch die schwere Türe aufs Promenadendeck. Zusammen mit ein paar anderen verstreuten Passagieren beobachten wir die Manöver, die Kapitän, Besatzung und die Arbeiter an Land aus dem ‚FF' beherrschen. Kaum ist die letzte Leine vom Poller ins Wasser gerutscht, nimmt unsere Finnmarken auch schon wieder Fahrt auf. Es wird auch höchste Zeit, denn im Hafenbecken liegt die ‚Lofoten', das älteste und kleinste Schiff der Flotte, und wartet auf einen freien Liegeplatz. Im Vergleich mit unserem modernen und wesentlich größeren Schiff kommt uns die Lofoten eher wie ein kleiner Ausflugsdampfer vor.

Bald sind wir an der letzten Insel vorbei, und mit dem Land entschwindet auch die Sonne. Das ist ungewöhnlich, die letzten Tage hatten wir abends immer einen schönen Sonnenuntergang, zwar meistens hinter irgendwelchen Bergen, aber dennoch malerisch. Inzwischen trüben dunkle Wolken in unserer Fahrtrichtung die Aussicht auf einen Sonnenuntergang. „Ob Sturm aufkommt?" befürchtet meine Frau. Ich versuche sie zu beruhigen, denn in der Einweisung im Terminal von Bergen haben wir auch gelernt, dass nichts das Schiff erschüttern kann, denn es hat gute Stabilisatoren.

Die letzten Details der hinter uns liegenden Inseln sind kaum mehr auszumachen, und es wird zudem deutlich frischer hier auf dem Außendeck. Also machen wir kehrt und wollen gerade wieder in den Flur zu unserer Kabine einbiegen, als Angelika entgegenkommt. „Kommt ihr mit zur Teestunde?" Ein verlockendes Angebot! Und den bayerischen Plural in der Anrede hat sie auch schon drauf! Wir folgen ihr auf Deck 7 und stehen vor einem kleinen Buffet mit diversen Keksen und süßen Schnittchen. Daneben wieder der große Samowar für die Teetrinker wie wir und mehrere Thermoskannen, vermutlich mit Kaffee.

Wir setzen uns zu dritt an einen runden Tisch mit niedrigen und weichen Clubsesseln. Da kommt aber auch nicht jeder wieder raus! Die Gelegenheit, mit Angelika zusammen zu sitzen, nutzt Traudl sofort, um sich nach dem Grund hinter den Papiertüten zu erkundigen. „An der Infotafel steht, dass es in diesem ungeschützten Abschnitt unserer Fahrt stürmisch werden kann. Windstärken bis acht Beaufort sind angekündigt." Das kann ja heiter werden, wir sehen uns schon von Reling zu Reling wanken und die Fische füttern. Jeder malt sich ein anderes Horrorszenario aus. Meine Frau liegt gedanklich schon auf der Krankenstation und lässt sich gegen Seekrankheit behandeln. Aber vorerst schmecken uns noch die Süßigkeiten vom Buffet, angereichert mit einer schönen Tasse Earl Grey Tee. Angelika rät uns, heute nicht schon um 18 Uhr zum Abendessen zu gehen, da seien wir noch auf offener See. „Besser erst wenn wir im Hafen sind, so um 19 Uhr."

Da es jetzt doch etwas schauckliger wird, gehen wir zurück in unsere Kemenate. Richtiger wäre: wir wanken zurück. Mal halten wir uns am linken Geländer fest, mal am rechten. Ich versuche es auch mal freihändig, komme aber nicht sehr weit und stütze mich wieder ab. Bisher sind wir nie seekrank geworden! Diese Erfolgsserie wollen wir auch diesmal weiterführen. Wir erinnern uns, dass es besser sei, an Deck zu gehen und den Horizont fest im Blick zu behalten. Also nochmal kehrt und auf das Promenadendeck unter uns!

Aber vor der schweren Außentür sind mehrere rot-weiße Absperrbänder gespannt. Ist wohl nichts mit rausgehen. „Dann versuchen wir es mit der Bar im Achten!" schlage ich vor und bin schon auf der Treppe nach oben. Drei Decks über eine schwankende Treppe; das ist gar nicht so leicht! Nacheinander kommen uns dazu auch noch zwei bleichgesichtige Männer entgegen, die jetzt wohl nichts mehr im Magen haben.

In der Lounge mit ihren großen schrägen Fensterfronten sitzen weniger Leute als sonst. Wir gehen ganz nach vorne und finden gleich zwei Stühle, die einen freien Ausblick auf das Meer vor uns bieten. Wir lassen den Ausflug in Bodø nochmal vor unserem geistigen Auge vorbeiziehen und registrieren wenig später, dass die Dame zwei Stühle weiter schlagartig aufsteht und mit hochrotem Kopf in Richtung Toiletten verschwindet. Auch sie kommt ein paar Minuten später ohne Farbe im Gesicht zurück. Wir lächeln sie mitleidig an.

Es ist schwer, die Höhe der Wellen von hier oben zu schätzen, aber drei, vier Meter werden es wohl schon sein. Unsere Finnmarken stampft leicht vor sich hin, aber schlimmer ist die Rollbewegung von links nach rechts und zurück. „Land ahoi!" flüstert mir meine Frau zu, um die anderen Passagiere nicht zu stören. Tatsächlich, vor unserem Bug und ein Stück weiter rechts tauchen Hügel auf, die sich langsam zu weißen Bergen entwickeln. Das müssen die Inseln der Lofoten sein!

Es ist 18 Uhr vorbei, das Restaurant hat geöffnet. Aber wir warten ab!

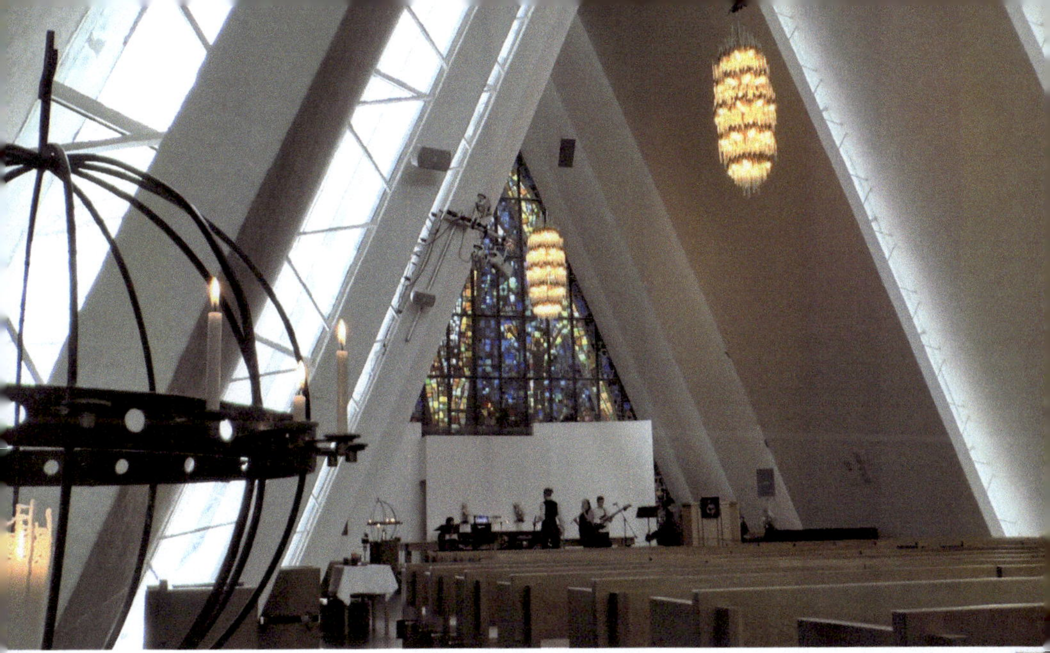

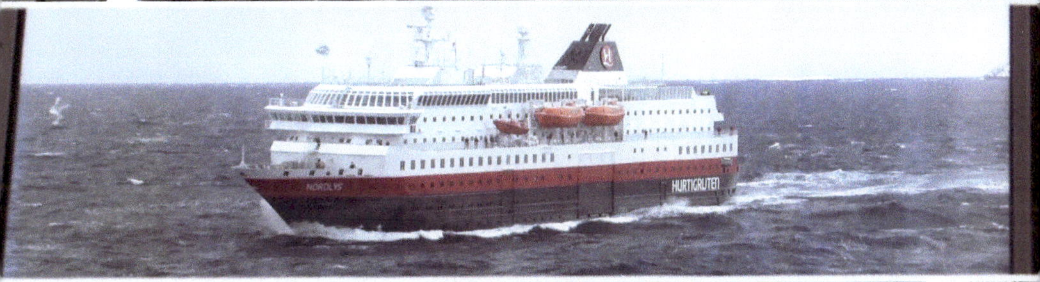
HURTIGRUTEN

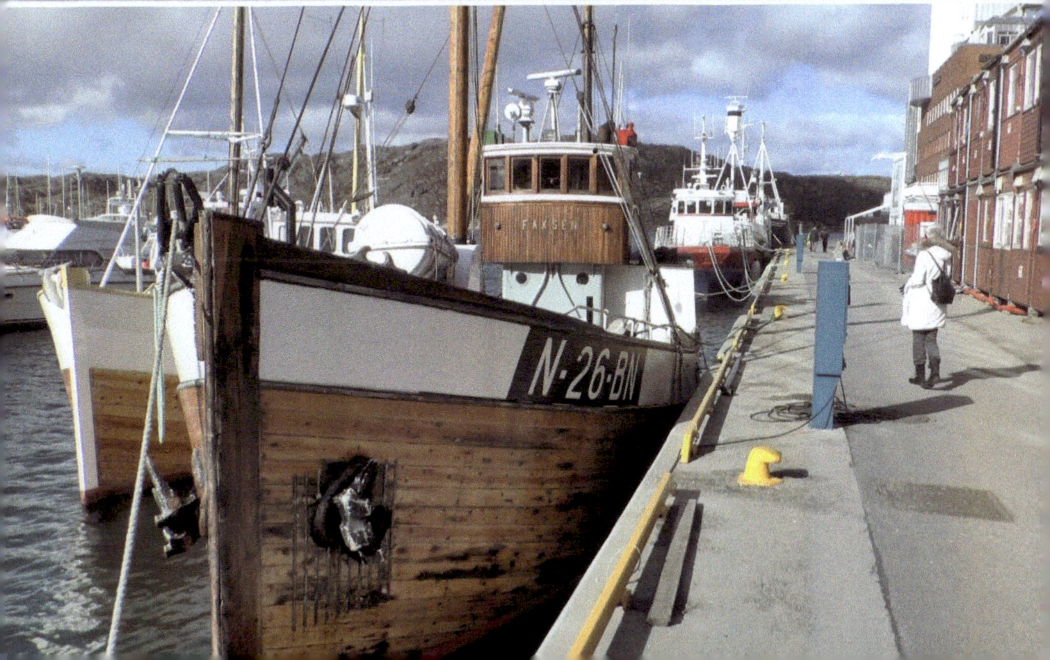
N-26-BN

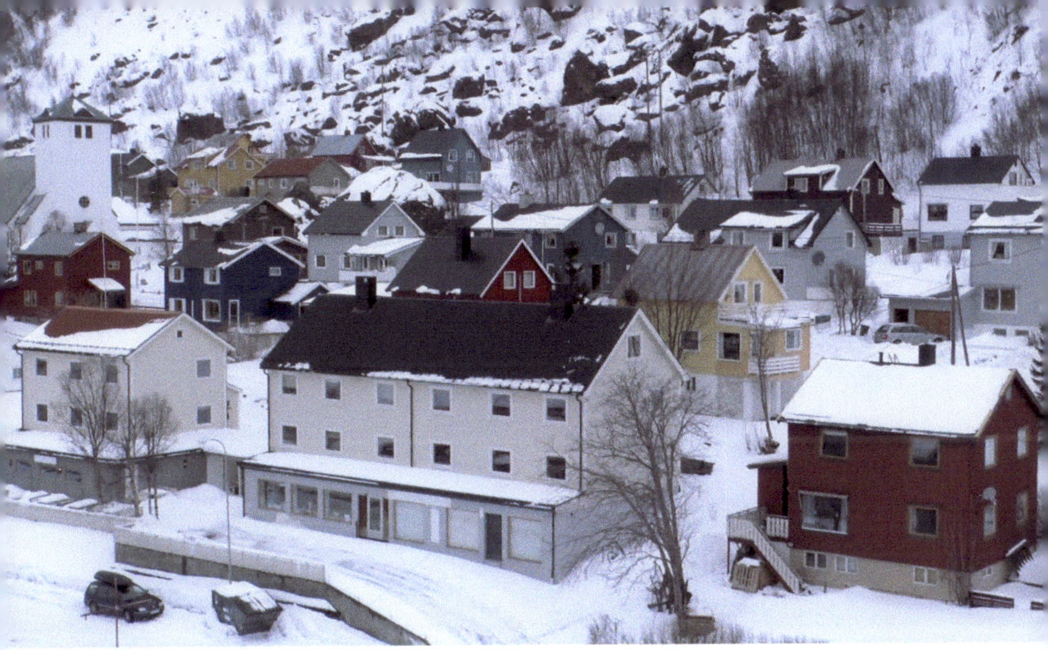

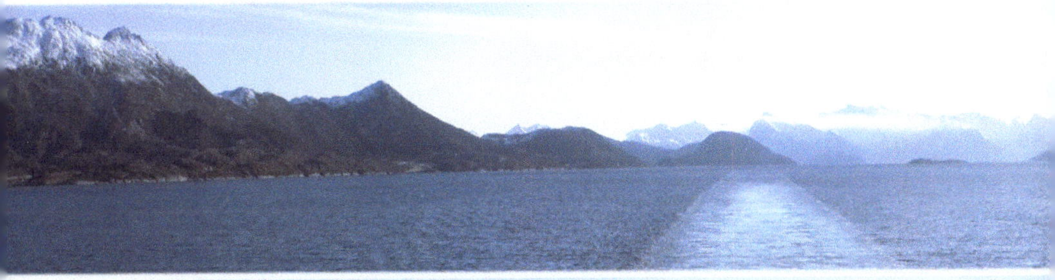

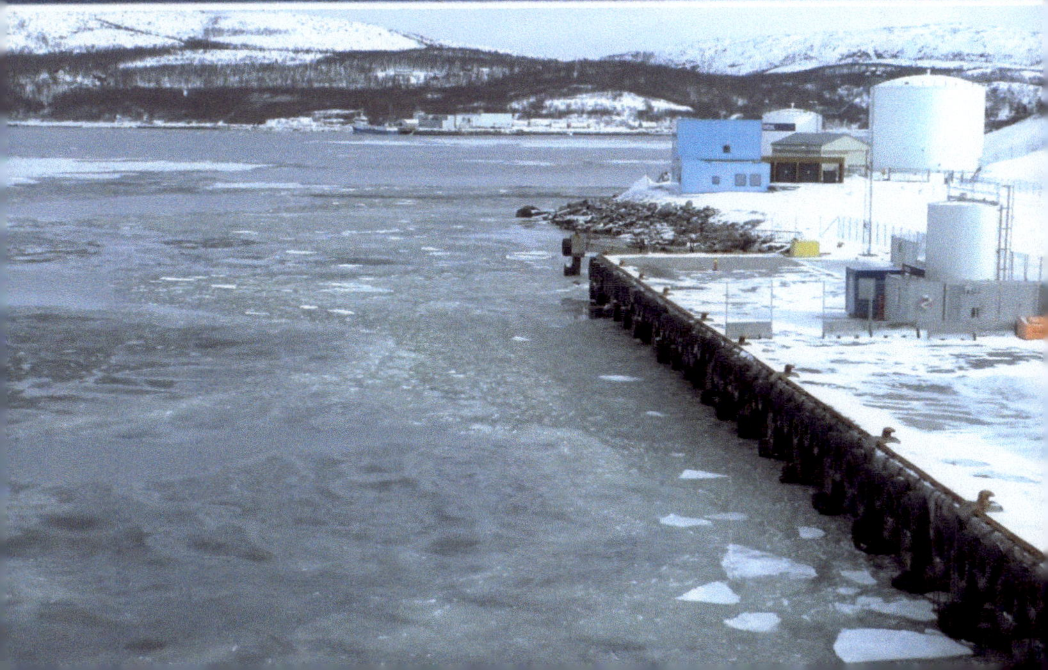

Die Trolle der Lofoten

Nur 45 Minuten später fährt unsere Finnmarken in den Hafen von Stamsund ein, und wir betreten unser Bordlokal. An unserem Tisch sitzt unser Lektor Michael, und sonst niemand. Zwei seien schon wieder weg, weil sie in Stamsund jemanden treffen wollten, und sonst war noch niemand da. Ob die anderen sieben alle darniederliegen? Gut, das Schiff hat schon richtig geschaukelt, aber wir haben doch auch nichts gemerkt, keine Übelkeit, kein Schwindel oder sonst was, höchstens ein paar blaue Flecken vom Anrempeln an der Tür zur Lounge.

Generell ist das Restaurant bestenfalls halb voll, und als der Ober einen Salat bringt, wirft meine Frau einen Blick in die Menükarte. „Schon wieder Fleisch!" stellt sie fest und ruft dem Ober nach, der sich bereits abgewandt hat, „Haben Sie auch was vegetarisches oder Fisch, halt was ohne Fleisch?" Der Ober kommt zurück, versteht aber nicht ganz. Er macht ein Handzeichen, wir sollen einen Moment warten und kommt mit einem Streifenhörnchen wieder, das sich als Restaurantmanager anhand seiner Streifen herausstellt. Auf Englisch erklären wir, dass meine Frau nicht gerne und vor allem nicht so oft Fleisch haben möchte. ‚Ob es auch Fisch sein darf', fragt er nach. Da meine Frau bejaht, zieht er einen blauen Zettel aus seiner Tasche, faltet ihn zu einem kleinen Tischkärtchen und stellt ihn an den Platz meiner Gattin neben die Gläser. Der

Ober daneben nickt und verschwindet, um kurz darauf wieder mit zwei Tellern zurückzukommen. Mir präsentiert er zwei Hähnchenkeulen mit Beilagen wie auf dem Speiseplan, meine Frau erhält ein Stück gebratenen Lachs mit Zubehör. Jetzt fällt uns erst auf, dass unser nicht anwesendes Gegenüber ein **grünes** Schildchen am Platz stehen hat. „Blau für Fisch, grün für vegetarisch." rät Traudl, was mir auch nicht abwegig erscheint.

„Hoffentlich sind die Anderen bis zu meinem Vortrag wieder fit!" meint Michael besorgt. „Wir kommen natürlich!" beteuern wir. Genaugenommen haben wir gar nicht an der Infotafel nachgesehen und sind eher überrascht, dass heute noch etwas geboten wird. „Wann geht es doch gleich wieder los?" frage ich scheinheilig. Um 8 Uhr und wieder in V2, erfahren wir sofort und schauen auf die Uhr; also in einer guten halben Stunde. Ich glaube, Michael hat uns durchschaut!

Von Stamsund kriegen wir nicht viel mit, besser gesagt, außer ein bisschen Gerumpel gar nichts; außerdem ist es schon Nacht. Und zwischen Abendessen und Vortrag war überhaupt keine Zeit, mal einen Blick hinaus zu werfen. Nachdem wir und der größte Teil der Gruppe allerlei Interessantes über unser Zentralgestirn, die Sonne gelernt haben, schauen wir nochmal kurz auf das Panoramadeck, das inzwischen wieder geöffnet ist. „Irgendwie gespenstisch, die Berge", sage ich zu meiner Frau, denn die schneebedeckten Gipfel schimmern noch bläulich im Nachtlicht der Sterne und des abnehmenden Halbmonds. „Das waren mal alles Trolle, die sich nicht rechtzeitig vor dem Sonnenlicht versteckt haben." weiß meine Frau, „Jetzt sind sie versteinert und nur bei Nacht leuchten noch ihre Augen." Ich glaube, das hat sie aus dem Reiseführer. Den sollte man auf keinen Fall einem kleinen Kind in die Hand geben!

In der Kabine dann stellt mir Traudl nun die Gretchenfrage: „Willst du bis nach 23 Uhr aufbleiben, um den Trollfjord zu sehen?" Ich weiß nicht so recht, welche Antwort sie erwartet, aber eigentlich bin ich noch nicht müde; am Nachmittag waren wir heute ja recht faul. Aber anscheinend hat sie meine Zustimmung erwartet, denn dann habe sie ja noch etwas Zeit, Tagebuch zu schreiben.

Ich hänge am Fenster, das ja leider nicht geöffnet werden kann, und bestaune immer wieder die blauen Trolle. Manche sind richtig groß, andere deutlich kleiner; waren wohl mal Trollkinder. Auch dicke und dünne Trolle sind dabei, aber die dicken haben die Mehrheit. So werden sie auch immer in den Souvenirläden dargestellt: dicker Bauch und dicke Knollennase.

Svolvær ist eine kleine Stadt, zumindest für hiesige Verhältnisse. Hier steht unsere Finnmarken doch fast eine ganze Stunde am Kai. „Warum sind wir hier nicht rausgegangen?" frage ich meine Frau, die noch immer in ihr Tagebuch versunken ist. „Weil du nichts gesagt hast!" So ganz leuchtet mir ihre Antwort nicht ein, aber jetzt ist es sowieso schon zu spät.

Während ich meine heutigen Fotos anschaue, merke ich, dass es wieder weitergeht. Michael hat in seinem Vortrag auch erzählt, dass jetzt die Wahrscheinlichkeit für Polarlichter steigt, und wenn wir wollen, können wir ihn abends an der Bar auf Deck 8 besuchen. Um halb 11 Uhr raffe ich mich also nochmal auf und hole meine Fleecejacke aus dem Schrank. Darüber kommt der Anorak, auf den Kopf mein Stirnband. Traudl schnappt sich ihre wärmsten Sachen, und so erklimmen wir wieder mal das Sonnendeck.

Michael sitzt tatsächlich in der Bar in einem Clubsessel, und um ihn herum unsere halbe Gruppe, einschließlich Großfamilie mit Kind und Oma. Es ist fast unerträglich heiß, und so entledigen wir uns der Polarausstattung und setzen uns dazu. Zum Bestellen eines Drinks kommen wir nicht mehr, denn, kaum sitzen wir, fordert uns Angelika aus, hinauszugehen. Wir stehen vor dem Trollfjord!

Stehen? Ja, wir stehen davor und können nicht hinein, da noch zu viel Eis im Fjord ist, da ist die Fahrt zu unsicher. Im Sommer wäre das kein Problem, aber jetzt geht es eben nicht. Dafür werden die engen Felswände mit den Bordscheinwerfern beleuchtet, und im leichten Schneefall können wir erkennen, dass die Einfahrt schon recht eng ist. ‚Wie da überhaupt Trolle durchpassen?' kommt mir in den Sinn. Aber es müssen ja nur Hurtigrutenschiffe hindurch, und das auch nur zu wärmeren Jahreszeiten.

Wir haben alles gesehen – höchste Zeit für die Koje!

Durch die Vesterålen

So spät war es schon lange nicht mehr! Erst gegen Mitternacht sind wir eingeschlafen, und nun, um halb 8, werde ich wachgerüttelt. „Willst du heute kein Frühstück?" lächelt mich meine Frau an. In Anbetracht des umfangreichen Frühstücksbuffets kann ich nur „Doch, auf jeden Fall!" murmeln, und „Wo sind wir?" Da Traudl schon putzmunter ist, hat sie sicher schon den Fahrplan analysiert und einen Blick aus dem Fenster geworfen. „Vor Harstad." ist die knappe Antwort. Damit kann ich aber nicht viel anfangen, da ich die Karte nicht im Kopf habe. Meinen fragenden Blick beantwortet sie: „In den Vesterålen." Ich erinnere mich: die Inselgruppe nördlich der Lofoten. „Dann habe ich ja zwei Häfen verschlafen!" und Traudl setzt hinzu: „Drei." ‚Auch gut', denke ich, ‚Hauptsache geschlafen!' Da meine Gattin im Badequadratmeter schon fertig ist, habe ich die Zelle für mich alleine. Langsam erwachen wieder die Lebensgeister in mir und vertreiben die Trolle aus meinen Träumen.

Zum Frühstück ergattern wir einen Tisch am Fenster und schauen mehr hinaus als auf den Tisch. Die hohen Lofoten-Berge wurden durch grüne Hügel fast ohne Schnee abgelöst, die großzügig verstreut im Wasser liegen. Ein roter Leuchtturm fährt vor dem Fenster vorbei, und in seiner Nähe strahlen einige farbenfrohe Häuser zwischen Schnee und kahlen Wiesenflächen heraus. Die Bebauung nimmt rasch zu, und wir erreichen Harstad. „Sollten wir nicht schon vor einer halben Stunde hier sein?!" stelle ich beim Blick in den Fahrplan fest und vermute, dass unser Aufenthalt am Trollfjord zu der Verspätung geführt hat. Da weder Angelika noch Michael in Sichtweite sind, können wir dies auch nicht endgültig klären.

„Eine Stunde sind wir in Harstad. Da könnten wir doch mal kurz rausgehen?!" schlage ich vor, und Traudl schlingt nahezu ihren Joghurt in sich hinein, um meinem Vorschlag folgen zu können. Zehn Minuten später gehen wir die Gangway hinunter und stehen schon mitten in der Stadt. Der Hafen liegt besonders verkehrsgünstig im Zentrum von Harstad, so dass wir gleich die Auslagen einiger Kaufhäuser und Supermärkte begutachten können. Etwas den Hang hoch ist eine kleine Kirche; natürlich aus Holz und in knallgelb gestrichen. Der Turm überragt die umstehenden Häuser kaum, er trägt auch keine Glocken. Die hängen in einem eigenen, holzverschalten Gestell neben der Kirche, eine kleine und eine etwas größere. Eigentlich könnten wir sie von Hand zum Schwingen bringen, trauen uns dann aber doch nicht. In das Gotteshaus dürfen wir nicht hinein, es ist abgesperrt.

Im ganzen Städtchen liegt kein Schnee, aber hier in der Grünanlage um die Kirche haben sich noch ein paar Reste erhalten. Die Kinder in uns übernehmen kurz die Herrschaft, und wir fangen an, Schneebälle zu formen und uns zuzuwerfen. Schließlich besinnen wir uns aber wieder und treten den Rückzug an.

An Bord angekommen beobachten wir noch vom Panoramadeck aus, wie ein einzelner Herr im Dauerlauf auf dem Kai unserem Schiff entgegeneilt und gerade noch auf die Gangway springt, just bevor sie eingezogen wird. Sofern das nicht der Kapitän war, hätten wir auch nicht eine Minute länger auf ihn gewartet.

Unser Schiff nimmt wieder Kurs Nord. Die letzten Ausläufer der Vesterålen liegen links von uns, wieder meist weiß-grüne Hügel und nur vereinzelt etwas, was man als Berg bezeichnen könnte. Dann bekommen wir Gegenverkehr. ‚Südgehend' – wie das in der Hurtigrutensprache heißt – kommt uns die ‚Kong Harald' entgegen. Es könnte auch unser Spiegelbild sein, denn die beiden Schiffe sehen sich zum Verwechseln ähnlich. Ein freundliches langgezogenes Tuuut wird mit zwei kürzeren Tuts beantwortet. Auch hier tauschen wir, die Fahrgäste, Grüße aus, indem wir wie wild winken. Dann ist der Spuk schon wieder vorbei und wir sehen nur noch die aufgewirbelte Spur im Wasser neben uns.

„In Tromsø haben wir wieder einen Ausflug!" lese ich von unserem Reiseprogramm ab. „Aber zuvor kommt noch Finnsnes mit einem kurzen Ladeaufenthalt – zumindest laut Fahrplan." Aber noch sind wir nicht in Finnsnes, und die Landschaft ist flacher als vorher. Langsam verdichten sich aber wieder die Ansiedlungen und eine lange und hohe Brücke kommt in Sicht. Kurz vor der Brücke nähert sich unser Schiff einer Kaimauer, denn einen Hafen im eigentlichen Sinn gibt es hier nicht.

‚FINNSNES' steht auf einer Lagerhalle in großen Lettern gleich neben der Anlegestelle, und außer ein paar weißen und farbigen Häusern ist auch nicht viel zu sehen. Routinemäßig werden erst die Leinen ausgebracht und auch schon die zwei Zugänge geöffnet. Ein Gabelstapler eilt ein paarmal zwischen Halle und Schiff hin und her, dann wird auch schon wieder das Ablegen vorbereitet.

Es geht unter der Brücke hindurch. Entweder ist die Brücke für die Hurtigrutenschiffe gebaut oder die Schiffe nach den Maßen der Brücke; viel Luft ist nicht mehr zwischen unserem Schornstein und der Fahrbahn. Dafür füllt sich das Promenadendeck mit Schaulustigen und auch Angelika kommt vorbei. „Wollt ihr auch die Strudel sehen?" fragt sie und wir nicken. Das haben wir schon im Reiseführer gelesen, aber jetzt hätten wir es glatt übersehen.

Wir folgen Angelika zur Bugspitze, an der eine große Aussichtsplattform ist. Die haben wir bisher immer gemieden, da es hier auch am heftigsten zieht. Jetzt schauen wir gebannt nach vorne. „Da dreht sich was!" und meine Frau zeigt in eine Richtung leicht rechts von uns und kurz vor den Bug. Tatsächlich, im Wasser sieht man an mehreren Stellen deutlich, dass hier Strudel die Oberfläche anders formen als eben sonst wo. Als ob ein Badewannenabfluss darunter wäre und jemand den Stöpsel gezogen hat. Hier ist auch eine besonders enge Stelle, vielleicht gerade mal 250 Meter breit. Aber kurz danach sind wir schon wieder in ruhigerem Gewässer; gefühlt haben wir von den Strudeln sowieso nicht das Geringste.

Fisch mit Kapelle

Beinahe hätten wir es übersehen: das Mittagessen. Es ist schon kurz vor 13 Uhr, und der Magen hat sich noch nicht gemeldet! Das Frühstück ist wohl doch ausreichend gewesen, auch wenn es heute sehr abrupt beendet wurde. „Wollen wir wenigstens einen Blick auf das Buffet werfen?" Traudl stimmt dem zu, und wir steuern zielstrebig auf unsere Plätze im Restaurant zu, nur um gleich wieder aufzustehen und in Richtung Buffet zu eilen. Eigentlich hat niemand von uns Hunger, aber dessen ungeachtet kommen wir mit vollen Tellern an den Tisch zurück. Natürlich dominiert bei mir wieder Salat in verschiedenen Ausprägungen, aber auch Räucherlachs und ein paar Garnelen sind dabei.

Während wir noch ein, zwei Teller mit verschiedenen Delikatessen verdrücken, kommt auch wieder Angelika zu uns, die bisher an unserem zweiten Gruppentisch saß. „Habt ihr den Ausflug zur Eismeerkathedrale gebucht?" will sie wissen. Ja, haben wir. Da unser Schiff etwa vier Stunden in Tromsø liegen wird, beginnt der Ausflug erst um 16 Uhr, erfahren wir. „Wenn ihr wollt, könnt ihr vorher noch mit ins ‚Polaria' gehen!" Na, wenn das mal kein Angebot ist! Das Meeresaquarium ist sicher auch ganz interessant. Wir hatten ursprünglich befürchtet, dass sich die Termine überschneiden, aber wenn Angelika das sagt, dann lassen wir es uns nicht entgehen! „Gut, dann bitte um halb 3 unten an der Gangway!" Wir nicken und bemerken, dass alle noch anwesenden Mitglieder unserer Gruppe dem auch zustimmen.

Wieder fahren wir durch eine bezaubernde Landschaft. Die Schneedecke hat das gleiche gemacht wie wir vermutlich auch, sie hat deutlich zugenommen. Von grün ist nichts mehr zu sehen, aber die bunten Häuschen stechen dafür umso besser ab. Nach einer Stunde, in der wir mehr aus dem Fenster geschaut als gegessen haben, kommen die die Gebäude unserem Dampfer wieder näher und verdichten sich auch dabei. Zeit, uns ausgehfertig zu machen, also auf in die Kabine!

Mit unserer üblichen Ausrüstung sind wir bei den ersten, die die Finnmarken verlassen. Mit Angelika und den meisten unserer Gruppe steigen wir in einen Bus mit dem Schild ‚Polaria‘ hinter der Windschutzscheibe. Es stehen auch noch zwei andere Busse da mit ähnlichen Schildern, und auch dort steigen mehrere Leute ein, unter anderem auch unsere Großfamilie.

Nach ein paar Minuten sind wir komplett und der Busfahrer bringt uns vielleicht hundert Meter weiter bis vor den Eingang des Meeresmuseums. „Das hätten wir auch laufen können!" ist die einhellige Meinung unserer Businsassen. „Ihr kennt das Wetter hier nicht!", erklärt Angelika, „So ein schöner Tag wie heute ist hier nicht oft. Bei Schneesturm wäret ihr froh um den Bus gewesen. Außerdem brauchen wir ihn nachher noch für die Fahrt zur Eismeerkathedrale." Ok, wir akzeptieren die Begründung und registrieren, dass zwar ein kalter Wind weht, aber die Sonne schon fast durch die Wolken bricht.

Ein paar Schritte, und wir stehen im Foyer des Museums. Ohne Pause an der Kasse werden wir durchgewunken und kommen in einen längeren und sehr dunklen Gang. Nur an den Wänden sind hinterleuchtete Texte, Fotografien und Zeichnungen von exotischen Tieren, die hier mal gelebt haben. Dann kommen einige größere Becken mit Seesternen, Königskrabben und vielen bunten Fischen. „Die würden zu den farbigen Häusern passen." stellt meine Frau ganz zutreffend fest. Eine Treppe höher warten schon einige Besucher am Rand eines wesentlich größeren Beckens auf etwas. Wir stellen uns dazu und harren der Dinge, die da vielleicht kommen. Ein Mann im Taucheranzug tritt auf mit einem Eimer, im Wasser begleitet von zwei Seehunden. Um einen Fisch aus dem Eimer zu ergattern, springen sie durch einen Reifen, köpfen einen Ball, der weit über dem Wasser hängt und spielen Seenotrettung. Die Show ist aus, und wir betreten den letzten Raum, der auch wieder dunkel gehalten ist. Beleuchtete Exponate erklären die Forschung im Eismeer und zeigen, wie sich Gletscher und Dauerfrostgrenze immer mehr zurückziehen. Bei einigen Versuchen können wir sogar selbst Hand anlegen.

Wieder im Bus, geht es nun über die große Brücke, die das Festland mit der Insel verbindet, auf der der größte Teil der Stadt liegt. Die Eismeerkathedrale ist aber auf der

Festlandseite, etwas erhöht über dem Ufer. Der Bus muss etwas unterhalb stehen bleiben und spuckt und aus. „Halt mich!" ruft mir Traudl zu. Es ist wirklich ganz schön glatt auf dem kurzen Fußweg, und wir haben beide keine Spikes an den Schuhen. Durch gegenseitiges Stützen oder Ziehen schaffen wir den Anstieg aber doch, ebenso wie unsere Mitreisenden. Wir betreten schließlich die Kirche, die aussieht wie ein weißes, überdimensionales Zelt mit ihrem bis auf den Boden heruntergezogenen Dach.

Innen probt gerade eine kleine Musikgruppe für ein Konzert. Die großen Glasfenster hinter dem Altar leuchten herrlich bunt, und wir verweilen einige Minuten staunend in einer Bank. Einen großen Kerzenleuchter in Form eines durchbrochenen Globusses muss ich unbedingt fotografieren, aber die automatische Entfernungseinstellung will nicht so, wie ich will. Nach ein paar vergeblichen Versuchen schalte ich auf ‚manuell' um und komme so doch noch zu meinem Bild. Nach einem Rundgang durch den angegliederten Laden – diesmal ohne Trolle – verlassen wir die Kirche wieder und ich schieße noch ein paar Außenaufnahmen des Bauwerks. Auf dem Rückweg zum Bus rutschen wir wieder vorsichtig die Schräge hinunter und warten vor dem Bus auf die anderen. Ich schau mir inzwischen meine Aufnahmen an und wundere mich, dass die Außenaufnahmen so unscharf sind. „Ach, ich… !" entfährt es mir, denn die Kamera steht ja noch auf ‚manuell'. Schnell fotografiere ich die Kirche nochmal, jetzt aber leider von weiter weg, dafür aber mit ‚Autofokus'.

Wo ist das Nordkap?

Der Bus hat uns wieder gut auf der Insel vor unserer Finnmarken abgesetzt. Jetzt, wieder an Bord, machen wir nur einen kurzen Abstecher in unsere Kabine, denn inzwischen ist Essenszeit. Ja, schon wieder essen! Wir sind froh, dass wir heute Nachmittag wenigstens ein paar Meter gehen konnten. Zum Glück sind die gereichten Portionen beim Abendessen nicht so groß, obwohl wir schon gesehen haben, dass an unserem Nachbartisch auch mal etwas nachgereicht wurde. Ich gönne mir ein Bierchen, lächerlich 0,33l wieder, und wir bekommen heute beide Fisch, ein gefülltes Schollenfilet. Michael verrät uns, dass heute auf Grund der starken Bewölkung nicht mit Polarlicht zu rechnen ist. Dennoch setzen wir uns noch ein Stündchen nach dem Essen zusammen in die obere Bar und tauschen unsere früheren Erlebnisse aus.

Nach einer ruhigen Nacht werden wir vom Sonnenschein geweckt. Das Schiff bewegt sich nicht, also müssen wir in einem Hafen liegen. Ich quetsche mich zwischen den Betten hindurch zum Fenster und schaue hinaus. „Havøysund steht da drüben." berichte ich. Wir haben wieder drei Häfen verschlafen! Aber das macht uns keine Sorgen, denn ich habe beim Studium des Fahrplans herausgefunden, dass wir auf der Rückfahrt – also südgehend – diese Häfen dann bei Tag erleben werden. „Havøysund ist doch wieder nur ein Ladehafen. In den paar Minuten können wir nicht von Bord gehen." stellt Traudl fest, und ich könnte es mir in unserem Zustand auch sehr schlecht vorstellen. Schließlich dauert die Prozedur mit den Wechselschichten im Bad und dem Anziehen vermutlich länger, als wir hier im Hafen liegen.

Beim Frühstück verfolgen wir das Ablegen und staunen über das herrliche Wetter heute schon am frühen Morgen. In zwei Stunden werden wir in Honningsvåg sein, fast am nördlichsten Punkt unserer Reise.

~.~

Die Sonne hält sich noch, obwohl ein paar Wölkchen aufziehen, und wir haben bereits die Häuser von Honningsvåg vor uns. Es ist tiefster Winter, die Schneeberge türmen sich zwischen den bunten Häusern auf und wir sehen, wie Schneefräsen an Land neben uns den weißen Staub durch die Gegend schleudern. Um 11 Uhr 30 beginnt unser Ausflug zum Höhepunkt der ganzen Kreuzfahrt, ans Nordkap. Noch bevor wir anlegen kommt eine Durchsage. Es ist nicht die erste, aber die erste, die wir verstehen. Sie ist, wie alle anderen Durchsagen auch, auf Englisch, aber zusätzlich auf Deutsch: „Alle Gäste mit Ausflugstickets zum Nordkap werden gebeten, an die Rezeption zu kommen!"

Was ist los? Ändern sich die Zeiten? Bekommen wir eine Einweisung für irgendwas? Egal, wir gehen direkt vom Frühstück zur Rezeption, werden aber unterwegs schon von Angelika abgefangen. Es täte ihr sehr leid, aber der

Ausflug wurde gestrichen! Warum? „Die Straßen sind wegen des Schneesturms heute Nacht unpassierbar. Wir kommen mit den Bussen nicht durch!"

Peng! Wie eine Seifenblase platzt unser Traum, einmal am Nordkap zu stehen. Nach einer kurzen Schockstarre fragt mein Nachbar, der sich, wie mehrere andere aus unserer Gruppe, inzwischen bei Angelika eingefunden hat: „Und was ist mit unserem Geld?" Richtig, schließlich war der Ausflug der teuerste der ganzen Reise. „Das wird eurem Bordkonto natürlich gutgeschrieben!" ist die nur teilweise beruhigende Antwort. „Es gibt aber auch noch freie Plätze auf anderen Ausflügen, sogar auf dem Ausflug von hier ins Eskimodorf in der Nähe. Wer umbuchen möchte, kann das sofort oder später an der Rezeption machen." Es täte ihr nochmals leid, aber das ist höhere Gewalt. Eine Diskussion entbrennt, was nun zu tun sei. Wir überlegen auch kurz, sind aber so enttäuscht, dass wir erst mal gar nichts unternehmen. Wir gehen frustriert in unsere Kabine zurück.

„Ein Grund, wiederzukommen!" versuche ich die Stimmung zu retten, während wir hören, wie die Gangway ausgefahren wird. „Dann gehen wir aber wenigstens raus!" verordnet meine Frau zur Schmerzlinderung. Es ist Viertel von eins. Die Frage, ob wir vorher noch etwas essen sollten, verkneife ich mir; der Appetit ist uns wohl beiden vergangen. Die Sonne scheint noch, aber es sieht eisig aus; die warmen Sachen sind also gefragt.

Es ist wirklich kalt draußen. Ein leichter Wind weht uns ein paar Eiskristalle ins Gesicht, aber die Sonne macht auch die Kälte erträglich. Zum Aufwärmen gibt es zum Glück einen Supermarkt, den wir aber ohne Geld auszugeben wieder verlassen. Aber was ist das? Sind wir durch ein Zeitfenster gerutscht? Es bläst ein strammer Wind, die Sonne ist weg und ein heftiger Schneefall hat eingesetzt. Und das innerhalb weniger Minuten! Mit tief ins Gesicht gezogener Kapuze und Stirnband vor Mund und Nase kämpfen wir uns weiter durch das Dorf. Genau 14 Minuten lang! Beim Blick auf meine Uhr ist eine knappe Viertelstunde vergangen seit wir aus dem Supermarkt herauskamen. Und jetzt bricht die Sonne wieder durch und ersetzt nahezu schlagartig den Schneesturm. So gefällt uns Honningsvåg schon viel besser.

Aber nicht lange. Wir kommen gerade aus der kleinen Kapelle des Ortes, als es sich genauso schnell wieder verfinstert und der Schneefall wieder einsetzt. Es ist zwei Minuten vor 14 Uhr. Das schöne Wetter hat also gerade mal 20 Minuten gehalten! Jetzt reicht es uns; wir stapfen durch den Neuschnee hindurch zurück zum Hafen und betreten als Schneemänner unsere Finnmarken.

Nachdem wir uns trockengelegt haben, warten wir auf die Abfahrt unseres Schiffes. Eigentlich sollten wir schon wieder unterwegs sein. Wir entschließen uns, inzwischen zur Kaffeestunde zu gehen, wo wir auch Angelika wieder treffen. Warum wir so viel Verspätung haben? „Der Ausflug zum Eskimodorf ist nicht zurückgekommen. Der Bus ist im Schnee festgesteckt und musste auf die Schneefräse warten!" ‚Auch ein Erlebnis der besonderen Art!' denken wir bei Tee und Gebäck.

Königliche Ungeheuer

Schon seit einigen Minuten wird es vor unserem Fenster in der Lounge auf Deck 8 hektisch. Tische werden aufgestellt und einige große Tröge herbeigeschafft. Außer den uniformierten Besatzungsmitgliedern ist auch ein rustikaler gekleideter Mann dabei, mit Wollmütze und mit einer Latzhose unter seiner dicken Windjacke, die beide auch schon mal bessere Zeiten gesehen haben müssen. Langsam mehren sich auch die Schaulustigen. „Wollen wir auch rausgehen?" War das eine Frage oder Aufforderung? Soweit ich meine Frau kenne, eher letzteres. Ich trinke schnell meinen letzten Schluck Earl Grey aus und folge ihr durch die Glastür nach draußen.

Just in diesem Moment greift der Bordreiseleiter zum Mikrophon und beginnt mit einem Vortrag über Königskrabben. Diese Tiere seien hier zwar nicht heimisch, haben sich aber in diesen Gewässern um Nordnorwegen hervorragend vermehrt. Vor vielen Jahren seien sie im Ballastwasser großer Schiffe von Asien hierher mitgebracht worden, und nun verdrängen sie immer mehr die einheimischen Meeresbewohner. Sie dürfen also jederzeit gefangen werden, aber nur das Fleisch in den oft über einen Meter langen Beinen wird gegessen.

Der Fischer – so wird der Mann mit Wollmütze uns vorgestellt – hat einige Tiere mitgebracht. Mit einem beherzten Griff in einen der Tröge holt er nun ein Prachtexemplar an Königskrabbe heraus. Auf Englisch erzählt der Fachmann nun weitere Details über das Leben der Meeresungeheuer und legt noch zwei weitere der Tiere auf den Tisch vor ihm. Alle Tiere leben! Mit den Beinen bewegen sie sich nur langsam und ziemlich hilflos auf der glatten Tischplatte, aber die Mundwerkzeuge arbeiten ständig so, als ob es hier etwas zu fressen gäbe. Eines der Tiere wird nun herumgereicht, immer eine Hand unter der Krabbe und eine oben drauf, damit sie nicht herunterfallen kann. Armes Tier, aber sehr fotogen! Krabbe mit Traudl, Krabbe mit mir, Krabbe mit Fischer, Krabbe nah, zwei Krabben von fern.

Beim Abendessen treffen wir die Krabben wieder; heute ist das große Meeresbuffet angekündigt. Statt eines Menüs gibt es Meeresbewohner satt. Garnelen, Shrimps, diverse Fische, gebraten, geräuchert, eingelegt, Muscheln, Taschenkrebse und natürlich Königskrabbenbeine im Ganzen und in Stücken. Auch zur Dekoration mussten einige Krabben ihr Leben lassen. „Das ist hier doch quasi alles Ungeziefer, das vernichtet werden muss." wiederhole ich die Worte des Bordreiseleiters sinngemäß. „Ja schon, aber doch nicht so!" ist meine Frau entsetzt. Über irgendwelche anderen Methoden konnten wir uns dann aber doch nicht einigen. Geschmeckt haben sie uns allen am Tisch trotzdem. Allen, bis auf unserem Gegenüber mit dem grünen Schildchen am Platz.

Ein Licht geht auf

Der Abend wird dank Michael wieder zur Weiterbildung genutzt. Heute erklärt er uns – und diesmal ist unsere Gruppe wieder vollzählig – wie Polarlichter zustandekommen und dass sie wissenschaftlich ‚Aurora borealis‘ heißen, zumindest die im Norden. Wir lernen, dass es sowohl Nordlichter als auch Südlichter gibt, denn sowohl rings um den magnetischen Nordpol wie auch in der Antarktis treten die Magnetfeldlinien aus der Erde aus beziehungsweise ein. Und in deren Trichter verlaufen sich auch geladene Partikel des Sonnenwinds und kommen in Kollision mit den obersten Schichten unserer Atmosphäre. Dabei entsteht das bezaubernde Leuchten am Himmel. Heute sei die Wahrscheinlich dafür nicht gering.

Unsere Abendrunde führt wie meistens über das Außendeck. Draußen ist nicht viel zu sehen. Schemenhaft erkennen wir die Berge auf der Steuerbordseite im leicht verschleierten Mondlicht, wogegen backbord außer ein paar Meter Wasser im Schein der Bordbeleuchtung gar nichts zu entdecken ist. Noch sind wir nicht müde, also schauen wir mal zu unserem Treffpunkt, der Lounge auf Deck 8. Wir gönnen uns einen Drink und knabbern zusammen mit einer Handvoll Sterneninteressierten, die sich um Michael versammelt haben, noch ein paar Gratis-Nüsschen. Unser Lektor starrt immer wieder mal auf sein Smartphone und berichtet uns, dass die Sichtbarkeit von Polarlichtern stetig zunimmt. Auch war er inzwischen schon zweimal vor der großen Glastür, kam aber immer wieder kopfschüttelnd herein. Jetzt wird es draußen wieder heller, denn wir legen in einem Hafen an, sehen aber keinen Hinweis auf einen Namen, und meinen Fahrplan habe ich ausnahmsweise in der Kabine liegen gelassen. Der Aufenthalt dauert nur vielleicht 20 Minuten, dann ist unsere Finnmarken wieder unterwegs und die Umgebung wird wieder düster. Gerade ist Michael wieder mal hinausgegangen, und kaum ist es draußen, winkt er uns wie wild zu sich. Wir springen gleichsam in unsere Jacken und Anoraks und folgen ihm gespannt. Ja und? Ein fast ganz verschleierter Mond, bestenfalls ein Dutzend Sterne, und eine ziemlich helle Deckbeleuchtung lässt uns erst mal ratlos dastehen. Michael verschwindet nochmal hinter der Glastür, und kurz darauf erlischt die Deckbeleuchtung. Alle starren nach oben. Es dauert ein, zwei Minuten bis wir uns an die neuen Lichtverhältnisse gewöhnt haben. Und da, etwas westlich von uns, zeigt sich da nicht ein zartes Grün? Tatsächlich, unsere erste Aurora! Das Grün wird noch ein bisschen stärker – oder sind es unsere Augen, die sich an die Dunkelheit noch besser gewöhnt haben? Es hält noch etwa fünf Minuten an, dann verblasst die Farbe schnell wieder, weil sich eine Wolke davorschiebt.

„Mehr wird es heute wahrscheinlich nicht zu sehen geben." erklärt uns Michael beim Blick in den Himmel. Die Wolken scheinen mehr zu werden, und auch der Mond versteckt sich nun vollständig. „Hat das jemand fotografiert?" wird in die Runde gefragt. Zwei Herren meinen, das Polarlicht abgelichtet zu haben, und in der Lounge schauen sie gleich ihre Aufnahmen durch. „Alles nur schwarz!" stellen sie bedauernd fest. Michael gesteht, dass er auch nichts anderes erwartet habe; die Empfindlichkeit reiche dafür bei normalen Apparaten einfach nicht aus.

Einerseits sind wir glücklich, einmal das Polarlicht gesehen zu haben, andererseits auch etwas enttäuscht, denn es hielt sich weder im Himmel sehr lange noch war es mittels Fotokamera festzuhalten. Zurück in unserer Kabine, schaue ich in den Fahrplan. „Berlevåg." stelle ich fest. „Was?" will meine Frau wissen, und kann mit dem Namen wohl nichts anfangen. „Berlevåg, der Hafen vorhin." erläutere ich. „Ach so, den habe ich mir für die Rückfahrt aufgehoben, da sind wir dann bei Tag in Berlevåg." Aha, also alles zu seiner Zeit!

Durch Eis und Schnee

Die Nacht wird etwas unruhig. Ein Wind pfeift außen an unserem Fenster vorbei, und noch zwei weitere Häfen kriegen wir mit. Irgendwann versinken wir aber dann doch in unseren Kissen und endlich in Schlaf.

Dennoch wachen wir schon – wie wir glauben – recht früh auf, denn draußen geht gerade erst die Sonne auf. Ein Blick auf meine Uhr, und ich sitze senkrecht im Bett: es ist schon halb Neun! „Wann ist unser Ausflug?" rufe ich in die Kabine, denn meine Frau ist nicht zu sehen. „Um 10 Uhr!" schallt es aus unserer Dusch-Wasch-Klo-Zelle, und „Wir müssten bald in Kirkenes sein." Der Blick aus dem Fenster bestätigt es. Wir fahren gerade in den Hafen von Kirkenes ein.

20 Minuten später sitzen wir beim Frühstück. Es ist wohl sehr kalt draußen, wenn man die Leute auf dem Kai und in der Straße zum Hafen so beobachtet. Sie sind dick einge-wickelt in Wollschals und halten mit einem boxhand-schuhgroßen Fäustling ihre Pelzkrägen dicht am Hals fest. Mit ihren Stiefeln stapfen sie durch den frischen Schnee, der mindestens fünf Zentimeter tief ist. Ein paar Autos mit Schneeketten arbeiten sich die Straße entlang, und am Kai steht ein großer Laster, der gerade entladen wird. Ein paar Personenautos fahren aus dem Bauch unseres Dampfers über die Laderampe heraus. „Schau, da könnten wir unser

Auto ja auch mal mitnehmen!" stellt Traudl fest und plant anscheinend schon den nächsten Norwegenurlaub.

Nach einem verkürzten Frühstück werfen wir uns erneut in unsere Arktisausrüstung und warten auf dem Panoramadeck darauf, dass es Zeit wird für unseren Ausflug. Nachdem die Nordkap-Expedition ausgefallen war, haben wir uns doch noch zu einem Ersatzausflug entschlossen und ‚Kirkenes Schneehotel' gebucht. Hier auf dem Außendeck hat der Winter letzte Nacht auch nochmal Einzug gehalten; der Boden ist spiegelglatt! Ein paar Leute vom Bordpersonal sind dabei, den Schnee über die Reling zu schippen, aber dadurch wird der Boden nur noch rutschiger.

Wir trampeln mit unseren Stiefeln die Treppe hinunter auf Deck 3 und über die schmale Fußgängerrampe hinaus, wo auch schon zwei Busse warten, einer davon mit der Aufschrift ‚Schneehotel', der andere mit ‚Russische Grenze'. Wir setzten uns in den ersten Bus und werden von einer Norwegerin in bunter Kleidung begrüßt. Sie sei eine Samin, die hier ähnlich leben wie die Lappen weiter unten in Schweden und Finnland, und sie wird uns auf dem Ausflug ins Schneehotel begleiten.

Nach einer viertelstündigen Fahrt über Land halten wir auf einem Parkplatz, an dem schon rund ein Dutzend Autos stehen. An seinem Rand gehen wir durch ein Tor aus dünnen Baumstämmen und groben Ästen, um unmittelbar dahinter von einem männlichen Kollegen unserer Führerin begrüßt zu werden. Er spricht nur – wie wir vermuten – norwegisch, aber unsere farbenfrohe Begleitung übersetzt.

Wir sehen hier, und er meint wohl hinter ihm, einige Rentiere, die angeblich wild seien und regelmäßig hierherkämen, da sie hier gefüttert werden. Besonders sollen wir auf das sehr helle Tier achten, einen Albino.

Es gibt sogar so eine Art Tribüne, von der aus wir den drei Tieren eine Weile zuschauen. Sie knabbern gemütlich an einer Raufe mit Heu und lassen sich von uns überhaupt nicht ablenken. Eines ist nun anscheinend satt, denn es legt sich genau zu unseren Füßen an den Zaun vor unserer Tribüne und reibt sein Geweih an dem Stamm einer der jungen Birken, die hier überall herumstehen.

Da sich nichts weiter tut, folgen wir unserer Samin etwas den Hang hinauf und stehen bald vor einer Art Höhleneingang, wobei die Höhle vollständig aus Schnee besteht. In ihrem Innern ist es überraschenderweise deutlich wärmer als im Freien, aber schätzungsweise um die null Grad. Der Eingang weitet sich zu einem großzügigen Flur, in dem wir bequem stehen und einige Eisfiguren bestaunen können, die mittels LED-Leuchten wirkungsvoll in Szene gesetzt sind. Dann öffnen sich rechts und links des Flurs schmale Durchgänge, teils mit Vorhängen abgetrennt. Wir betreten den ersten Raum und finden uns in einer Märchenwelt wieder. „Schau mal, Schneewittchen und die sieben Zwerge!" erkenne ich und sage es überflüssigerweise auch laut. Die weißen Schneewände des kleinen Raums sind alle mit geschnitzten Motiven aus eben diesem Märchen versehen, in der Mitte steht ein Doppelbett aus Eis, darauf ein Stapel Decken, nicht aus Eis, sondern aus

Wolle, und daneben zwei dicke Schlafsäcke. Auf dem Nachttisch, natürlich auch aus festem Schnee, steht ein Parfümflakon aus lupenreinem, klaren Eis. Auch eine Stehlampe aus Eis findet sich in einer ‚Ecke' des fast runden Raumes. „Ob ich es hier eine Nacht aushalten würde?" zweifelt meine Frau, und ich glaube, den anderen aus unserer Gruppe geht es ebenso, einschließlich mir.

Im nächsten Raum steht Marilyn Monroe über dem klassischen Luftschacht und hält ihr Kleid fest. Natürlich ist das auch wieder eine Schnitzerei an den Wänden des großen Iglus, der ansonsten ähnlich ausgestattet ist wie Raum Nummer eins. Nach ein paar weiteren Räumen öffnet sich der Gang zu einer kleinen Halle, in deren Mitte ein aus Schnee geschnitzter Brunnen die Blicke auf sich zieht; weniger, wegen des Brunnens selbst, eher wegen der – echten – Tabletts mit lauter kleinen, mit einer Flüssigkeit gefüllten Kunststoffbechern darauf. Wir hören noch ein paar Worte von unserer Reiseführerin, deren Stimme in dem Eisrund anders klingt als draußen. Sie erzählt uns, dass dieses Hotel jedes Jahr neu gebaut wird, denn im späten Frühjahr beginnt das Eis zu schmelzen und es wäre dann nicht mehr sicher. Dafür wird dann im Sommer extra ein flacher See angelegt, in dem das Wasser in der benötigten Stärke später zu Eis gefrieren kann. Damit wird dann wieder ein neues Hotel gebaut. Zur Aufwärmung gibt es jetzt einen Bärenschnaps; oder ist es ein Beerenschnaps? Ich habe es nicht ganz verstanden. Egal – Hauptsache, er wärmt uns innerlich auf.

Hinter dem Eishotel gibt es aber eine weitere Attraktion: Schlittenhunde; und wer möchte, kann sogar eine Rundfahrt mit einem Hundeschlitten machen, gegen Bares, versteht sich. Wir begnügen und vergnügen uns mit den Hunden, denn die sind sehr zutraulich und liegen meist auf ihren Hütten oder stehen davor und warten, ob sie eingespannt werden. Zwei Gespanne stehen aber schon startbereit in der Spur, und einige Mitreisende lassen sich auch zu einer rasanten Rundfahrt verführen. Schließlich sammelt uns aber unsere Samenfrau wieder ein, denn wir müssen zurück zum Bus und dann zum Schiff.

Es sieht so aus, als ob die Finnmarken nur auf uns gewartet hat, denn kaum sind wir an Bord, wird auch schon die Gangway eingeholt. Da wir ja noch winterfest gekleidet sind, gehen wir auf das Panoramadeck und dort ganz nach vorne auf die Aussichtsplattform am Bug. „Ob wir da wieder wegkommen?" überlegen wir, denn inzwischen umgibt uns eine geschlossene Eisschicht; der ganze Hafen ist nur noch eine silberne Fläche! Jedoch legt unser Schiff genauso routiniert wieder ab wie es gekommen ist, als ob glattes Wasser vor uns läge. Nur das helle Knacken verrät, dass die Eisschicht nicht sehr dick sein kann.

Mit dem Fahrtwind merken wird dann doch, dass uns kalt wird. „Zeit zum Mittagessen!" verkünde ich. Und das bleibt unwidersprochen.

Unter Eisbären

Statt Nachmittagstee gibt es heute Landgang in Vardø. Der kleine Hafen gehört zu dem östlichsten Ort unserer Reise und liegt in etwa auf der Breite von Kiew. Einzige ‚Sehenswürdigkeit' der Häuseransammlung ist der Supermarkt in der Größe eines besseren Tante-Emma-Ladens. Und genau dort drängeln sich nun alle hinein, die mutiger Weise wie wir das warme Schiff verlassen haben. Wenn es nur die Passagiere wären, ginge es ja noch. Aber wir finden uns auch inmitten einer Abordnung von Besatzungsmitgliedern, die offensichtlich ihre Wochenheuer gerade in diesem Etablissement in Ware umsetzen wollen. Also nichts wie zurück aufs Schiff!

Für den Abend sind keine Besonderheiten angekündigt; weder ein spezielles Essen noch ein Vortrag unseres Lektors stehen auf dem Programm. Das bedeutet für uns eine frühe Nachtruhe. Heute Nacht werden wir fünf Häfen verschlafen, sofern uns nichts aufschrecken sollte.

Unser Frühstück nehmen wir wieder in Havøysund ein. Natürlich nicht im Ort, sondern in unserem wohlig geheizten Restaurant und Frühstücksraum am Fenster der Finnmarken. „Was kommt als Nächstes? Ich meine, welcher Hafen?" fragt meine Frau bei Joghurt und Nüssen mit Blick auf den Fahrplan, den ich gerade in Händen halte. Der Unterton gefällt mir nicht. Ich glaube, sie weiß es sehr wohl und stellt mich nur auf die Probe. Dennoch antworte ich „Hammerfest. Um Viertel vor 11." Und schau sie fragend an, aber sie weicht meinem Blick aus. Na gut, ich kann warten. – Oder doch nicht? „Warum fragst du?" schiebe ich nach, bekomme aber nur eine ausweichende Antwort. Bleibt also doch nur Abwarten.

Wir sind pünktlich. Meine Frau drängt mich, doch gleich mit ihr an Land zu gehen. Kurz überlege ich, ob ich wirklich draußen durch den Schnee stapfen will, aber schnüre mir dann doch die Stiefel und ziehe zwei Lagen Winterjacken an. Der Hafen ist eigentlich nur eine Bucht mit Kaimauer, aber rings um die Bucht erstreckt sich eine richtige Kleinstadt. Direkt gegenüber unserer Anlegestelle ist ein modernes Gebäude mit viel dunklem Glas, sonst sind die Häuser eher mausgrau, aber viele aus Beton und mehrere Stockwerke hoch; richtig städtisch eben. Nur im weiteren Umfeld stehen wieder die bunten Holzhäuschen.

Ganz zufällig, wie ich zunächst glaube, nähern wir uns dem dunklen Glasbau. Der Eingang ist mit einem großen Logo versehen, dessen runde Aufschrift lautet ‚The Royal and Ancient Polar Bear Society' und zeigt in seiner Mitte einen Eisbären. Bei mir fällt der Groschen! Der Eisbärclub! Von dem habe ich schon gelesen. Es ist eine Gesellschaft, die in den 60er Jahren ursprünglich zur Vermarktung des Ortes Hammerfest als Jagd- und Handelszentrum gegründet wurde, sich heute aber dem Naturschutz und vor allem dem Schutz der Eisbären verschrieben hat. „Ich habe dir doch noch ein Geschenk zum Geburtstag versprochen." rückt Traudl jetzt geheimnisvoll heraus. Hatten wir uns nicht auf einen Geschenkeverzicht geeinigt? „Hier bekommst du es nun: Ich schenke dir die Mitgliedschaft im Eisbärclub! Ist das was?" Ich bin sprachlos. Mitglied in diesem ‚königlichen und altehrwürdigen' Club werden; das hat schon was! Außer unserem Kegelclub gehörte ich bisher noch nie einem Club an, und der ist auch nirgends eingetragen. Irgendwie ist das doch etwas elitäres, oder? Aber natürlich bin ich dabei! „Nochmal alles Gute zum Geburtstag, auch wenn er jetzt schon fast zwei Wochen vorbei ist!" – „Von wegen vorbei", stammle ich, „Ich bin gerade mitten drin!" – „Du musst nur dieses Formular ausfüllen, dann bekommst du deine Urkunde und einen persönlichen Mitgliedsausweis." Während ich schreibe, zückt Traudl ihren Geldbeutel und bezahlt meine Mitgliedschaft. Urkunde, Ausweis, Anstecknadel und eine Ausgabe der clubeigenen Zeitung bekomme ich ausgehändigt und verstaue erst mal alles in einer Tragetasche. Zum ‚Clubhaus' gehört auch eine Ausstellung, die ich nun als Mitglied kostenlos besuchen kann wann immer ich will. Bilder und nachgestellte Szenen über die Eisbärenjagd nehmen einen großen Raum ein, aber auch andere Bewohner der Polarregion sind in ausgestopfter Form vorhanden.

Wir drehen noch eine kleine Runde durch das Städtchen, reden aber hauptsächlich über die Eisbären. Wie sie nur auf diese tolle Idee gekommen ist? Ah ja, dank Internet ist das heute kein Problem mehr!

Nach ein paar Minuten Spaziergang an der Hauptstraße entlang stehen wir vor einer modernen Kirche, die in ihrer Form ein bisschen an die Eismeerkathedrale erinnert. Auf der anderen Seite der Straße wurde ein Friedhof angelegt, der aber nur aus einer großen weißen Fläche mit vielen Grabsteinen besteht. Das Gotteshaus ist offen, und wir zögern nicht hineinzugehen. Unsere halbe Gruppe vom Schiff sitzt oder steht hier drinnen! Die Kirche ist geheizt, und das hat wohl die meisten Touristen zu einem längeren Aufenthalt bewegt. Aber die Kirche an sich ist auch recht schön; mit einem großen bunten Fenster im Chorraum, und auch wieder mit einem schmiedeeisernen Kerzenständer, der einer durchbrochenen Erdkugel nachgebildet ist. Am Infostand mit allerlei Heftchen und Gebetszetteln finden wir auch eine kurze Beschreibung auf Deutsch. „Die ‚Hammerfest Kirke' ist die nördlichste katholische Kirche der Erde." liest meine Frau vor. Also, das wäre doch was für das ‚Guinnessbuch der Rekorde'!

Der Rückweg ist schneller als der Weg hierher zur Kirche. Erstens geht es bergab, und zweitens reden wir jetzt nicht mehr so viel. Und drittens knurrt der Magen, denn es ist Zeit fürs Mittagessen. „An Bord ist sicher schon das Buffet eröffnet, und die besten Stücke sind bereits weg!" unke ich, aber die Erfahrung hat mich eigentlich Besseres gelehrt. Es war bisher immer genügend von allem da. Aber jetzt muss ich ja für zwei essen; für mich und meinen kleinen Ansteck-Eisbären!

Über Land

Es war wirklich noch genügend für uns drei da. Selten habe ich eine so gute Ausrede gehabt, eine Extraportion zu verdrücken, auch wenn Traudl dazu nur den Kopf schüttelt.

Am Nachmittag schauen wir dem absoluten Kurzstopp in Øksfjord zu. Hier wird nicht einmal die Ladeluke geöffnet, nur die Gangway wird für zwei Personen ausgeklappt, die unsere Finnmarken verlassen. Jemand trägt ein großes Paket den Fußgängersteg hinauf und kommt aber sofort wieder ohne zurück. Gleich wird die Schiffsseite wieder dichtgemacht und schon geht es weiter. Die nördlichsten Regionen Norwegens haben wir inzwischen wieder verlassen, jetzt geht es mehr Richtung Süden.

Am Abend schauen wir in Skjervøy zu wie wir in den Hafen einfahren. Ja, hier gibt es mal einen richtigen Hafen mit Mole und rot-grüner Hafenbefeuerung. Dafür gibt es keinen richtigen Ort! Eigentlich besteht Skjervøy nur aus ein paar Dutzend kleinen bunten Häusern, die großzügig in der weißen Landschaft verstreut sind. Beim Abendessen fragen wir Michael nach den Polarlichtprognosen, denn der Himmel ist nahezu wolkenlos, beste Voraussetzung also für Beobachtungen. Aber er winkt ab; es sind keine Sonnenaktivitäten gemeldet. Also bleibt nur der obligatorische Rundgang auf dem Promenadendeck und für Traudl Tagebuchschreiben. Im Bordfernsehen wird ein Spielfilm mit deutschen Untertiteln gezeigt, aber nach ein paar Minuten schalte ich wieder ab, denn das dauernde Wechseln zwischen Bild und Untertitel ist mir doch zu mühsam. Dafür stelle ich den Wecker auf 7 Uhr, denn für morgen haben wir einen Ausflug in aller Frühe gebucht.

Schon in den Betten liegend, gehen wir zusammen noch mal die letzten Stationen durch, wobei ein großes Thema wieder der Eisbärclub ist. Ich lese vor, dass es jedes Jahr ein Treffen der Mitglieder in Hammerfest gibt, jeweils am dritten Sonntag im Januar zur Jahreshauptversammlung. Und dazu bin ich herzlich eingeladen. Wenn das nur nicht so weit weg wäre! Eigentlich sollten wir längst schlafen, aber Außengeräusche locken uns doch wieder an das Fenster.

Tromsø; die Eismeerkathedrale ist hell erleuchtet, und wir können sie und die große Brücke deutlich erkennen, denn die Finnmarken hat sich freundlicherweise vor dem Anlegen gedreht. Von Ladetätigkeiten bekommen wir daher aber nichts mit. „Das Mitternachtskonzert wäre sicher auch schön gewesen!" meint meine Frau, und ich stimme ihr gerne zu. Ein Besuch des Konzerts haben wir aber schon von vornherein ausgeschlossen wegen der unchristlichen Zeit. Weil die Finnmarken nun fast zwei Stunden bewegungslos, da fest vertäut, und ohne merkbare Motorgeräusche im Hafen liegt, schlafen wir schnell ein.

~.~

Louis Armstrong weckt uns mit „What a wonderful world!" Der erste Blick aus dem Fenster bestätigt das zwar nicht; der Himmel ist eisgrau, die Sonne überlegt sich noch, ob sie heute aufgehen soll. Nach der morgendlichen Prozedur treffen wir im Restaurant einige unserer Gruppe. Frühaufsteher seien sie nicht, aber sie nehmen auch an dem Ausflug um 8 Uhr teil. Daher gibt es heute schon wieder ein Schnellfrühstück! Ich bin gespannt, ob es auch mal ein gemütliches Morgenmahl gibt?!

In Ausgehuniform gehen wir in Harstad im Norden der Lofoten von Bord und tauschen das Schiff gegen einen Omnibus. Angelika ist auch dabei und 15 andere Passagiere, hauptsächlich von unserer Gruppe. Zunächst geht die Fahrt zu der ältesten mittelalterlichen Steinkirche von 1434 in Trondenes. Schon wieder ein Guinness-Rekord? Jedenfalls liegt die Kirche inmitten eines genauso alten Friedhofs, der Kirchturm hat die Jahre aber leider nicht überdauert. Innen sind noch einige Original-Fresken zu sehen, und auch die Steinmetzarbeiten sind etwas Besonderes. Danach treffen wir uns neben der Kirche, die direkt an einem Meeresarm liegt. Der Himmel hat sich etwas zugezogen, aber es ist noch trocken. Jedoch hat sich über dem Wasser eine deutliche Dunstschicht gebildet.

Einer der Mitreisendes sieht es als erster: „Da fährt die Finnmarken!" Schlagartig dreht sich die ganze Gruppe um Richtung Wasser. Tatsächlich, da zieht unser Schiff vorbei – OHNE UNS! Stimmt ja, „Wir gehen erst heute Mittag in Sortland wieder an Bord." werfe ich ein, denn ein paar

Ausflügler sind offensichtlich nicht so ganz mit dem heutigen Programm vertraut. Da nun alle wieder beruhigt sind, winken sogar einige der Finnmarken zu; allerdings kommt keine Reaktion seitens des Schiffs.

Unsere Busfahrt führt durch einige kleine Ortschaften und über weite Landstriche, bis der Bus an einer Brücke über einen kleinen Fluss hält. „Alles aussteigen, und auf den Verkehr achten!" ordnet Angelika an und wir folgen ihr auf die Brücke. Der Fluss verbindet einen kleinen See mit dem Fjord, und jetzt ist gerade Niedrigwasser. Im Fluss liegen unzählige schwarze Steinchen, die sich aber bei näherem Hinsehen als Pfahlmuscheln herausstellen. Tausende, nein Millionen von bläulich schimmernden Muscheln haben sich an diesem gut durchspülten Ort niedergelassen. Das Flussbett ist übersät von ihnen, genauso die Ufer. „Jeder kann sich hier bedienen, die Qualität soll nicht schlecht sein." hören wir, können aber leider mangels Kochgelegenheit keine Muscheln mitnehmen.

Über kleine Hügel und vorbei an einer Landschaft, die fast keine Schneeflecken mehr hat, geht es zu einer größeren Bucht mit einem kleinen Hafen und Anlegestelle. „Wer will, kann aussteigen; unsere Fähre kommt erst in 20 Minuten!" erklärt Angelika durch das Mikrophon. Da es inzwischen angefangen hat zu nieseln, wagen nur wenige der Mitfahrenden den Schritt ins Freie. Meine Frau steht aber erwartungsgemäß sofort auf und schleift mich mit hinaus. Zum Glück hat mein Anorak eine Kapuze! Mit ein paar Schritten sind wir an der Anlegestelle und versuchen, den gegenüberliegenden Hafen auszumachen, vergeblich. Dafür entdecken wir ein Schiff auf dem Fjord und können es als Fähre identifizieren, die auf uns zukommt. Jetzt, da sie noch vielleicht 200 Meter von uns entfernt ist, hupt unser Busfahrer und meint damit wohl, wir sollen wieder an Bord kommen. Während wir einsteigen legt gerade die Fähre an und spuckt drei Personenwagen aus. Auch einige Fußgänger und Radfahrer hat sie übergesetzt.

Wir rollen auf das offene Deck und sollen sofort aussteigen, da dies später vielleicht nicht mehr möglich ist. „Die Fahrzeuge werden immer sehr eng abgestellt, da gehen oft die Türen nicht mehr auf!" begründet Angelika die Eile. Wie eine große Entenfamilie folgen wir ihr brav, einer hinter dem anderen, die Treppe an der Seite nach oben in den geschlossenen Überbau, der gut die Hälfte der Fähre überdeckt. Außer uns sind rund 50 weitere Fahrgäste auf die Fähre gekommen, teils per Auto, teils zu Fuß. Und alle drängen sich jetzt in dem kleinen Raum, der mit Campingtischen und vielen roten Plastikstühlen ausgestattet ist. Unsere Entenmutter zwängt sich und uns in eine Ecke, wo an zwei Tischen Teller mit Sandwiches, Gebäck und leere Tassen stehen. Das also ist der im Katalog angekündigte Imbiss, damit wir auf der langen Busfahrt nicht verhungern! Man bringt uns eine Thermoskanne mit Kaffee und wir fallen natürlich mal wieder auf, als wir Tee bestellen. Während wir jeder zwei Sandwiches und ein Stück Butterkuchen verdrücken, legt die Fähre ab und nähert sich immer mehr dem gegenüberliegenden Ufer. Rund eine halbe

Stunde dauert die Überfahrt von den Lofoten zu den Vesterålen, dann sitzen wir schon wieder im Omnibus und rollen an Land.

Die kleine Passfahrt hinunter nach Sortland endet im Nebel. Und an einer Kaimauer, jedoch ohne Finnmarken. Aber fast zeitglich mit unserer Ankunft taucht aus dem Nebel unter einer Brücke, deren anderes Ufer wir nicht erkennen können, ein schwarz-rot-weißer Rumpf auf. Wie aus dem Nichts gekommen steht es nun da, unser schwimmendes Hotel.

Während noch die Festmacher um die Poller gelegt werden, können wir nun auch mal von außen beobachten, wie die Gangway durch eine komplizierte Mechanik und Hydraulik ausgefahren wird. Wir strömen an Bord, denn langsam wird es in unserer schon recht feuchten Kleidung ungemütlich.

Bis wir uns trockengelegt haben, sind wir schon wieder unterwegs. „In Stokmarknes könnten wir nochmal von Bord gehen." stellt Traudl beim Mittagessen fest, nachdem wir uns schon mal großzügig vom Fisch bedient haben. Was es da Interessantes gäbe, frage ich meine Frau, und statt ihrer antwortet die uns gegenübersitzende Angelika: „Das Hurtigruten-Museum ist ein Muss! Da könnt ihr mal sehen, wie wir vor 50 und 100 Jahren unterwegs gewesen wären! Dort liegt auch die erste Finnmarken auf dem Trockenen. Wir sitzen hier ja schon in Finnmarken Nummer drei."

Meine Argumentation, dass es hier aber schön gemütlich und ebenso warm sei, behalte ich lieber für mich. Zwei gegen einen, das ist unfair! Also schlüpfen wir nicht viel später wieder in unsere außen noch nicht ganz trockenen Jacken und stehen wie schon oft an der Reling des Panoramadecks, um bei der Einfahrt nach Stokmarknes zuzuschauen. Tatsächlich, gleich gegenüber unserem Liegeplatz liegt noch eine Finnmarken, teilweise mit Planen abgedeckt. ‚Ist wohl nicht mehr so ganz dicht, die alte Dame!' sinniere ich vor mich hin.

Wir betreten das Hurtigruten-Museum aber durch einen modernen Glasvorbau und stehen in einem überdachten Innenraum. Chorgesang begrüßt uns, aber nach ein paar Takten ist der Spuk schon wieder vorbei. Der Chor hat anscheinend gerade eine feierliche Zeremonie beendet, und wir sind mitten hineingeplatzt. Einige eindrucksvolle Ausstellungsstücke schauen wir nur kurz an; uns interessiert viel mehr die alte Finnmarken, auf die wir über einen kleinen Durchgang kommen.

Hier sieht alles zwar sehr sauber und geordnet aus, aber von Luxus erst mal gar keine Spur. Schließlich entdecken wir noch einen Erste-Klasse-Salon mit dunklen und schweren Polstermöbeln. Als wir aber in den Speisesaal kommen sind doch sehr froh, dass wir in der Jetztzeit leben!

Da unsere Finnmarken hier nur eine Stunde Aufenthalt hat, beeilen wir uns, rechtzeitig an Bord zu kommen. Die Teestunde wartet!

Trockenfisch und Himmelsglanz

Wir sitzen wieder im Achten und lassen es uns schmecken. In Anbetracht der täglichen Vollverköstigung und unserer Kleidungsgrößen bleibt es bei einem Stückchen Donauwelle. Passt zwar nicht unbedingt hierher, schmeckt uns aber dennoch.

Wir fahren langsam durch den Raftsund, der wegen seiner Enge und der damit verbundenen schnellen Wasserströme und -wirbel nicht ungefährlich ist. Dabei passieren wir auch wieder den Trollfjord, und es wird schon recht schnell dunkel draußen. Als die Ufer wieder etwas weiter auseinanderrücken und Svolvær nicht mehr weit ist, passieren wir riesige Gestelle mit Stockfisch. Reihe über Reihe baumeln da die Fische halbiert und nur noch am Schwanz zusammenhängend zu Hunderten nebeneinander auf vielen Meter langen Holzstellagen. „Den getrockneten Kabeljau kennen wir von Italien." stellt meine Frau fest, „Da hieß er Baccala oder so ähnlich." – ‚Warum sind denn da ein paar viel hellere Fische dazwischen?' frage ich mich, komme aber selbst auf die Lösung: „Da steht was!" Abgesetzt von den unendlich vielen dunklen Trockenfischen ergeben die helleren die beiden Wörter ‚NO OIL'. Aha, eine Demo gegen den Abbau der Ölvorkommen, der vermutlich auch einen negativen Einfluss auf den Fischfang haben würde. Und vom Fischfang sowie dem Export von Stockfisch leben hier noch große Teile der Bevölkerung.

Unser Teegeschirr ist längst abgeräumt worden, und wir genießen von unserer warmen Lounge die Einfahrt in den Hafen von Svolvær. „Zwei Stunden Aufenthalt!" lese ich aus dem Fahrplan heraus. „Zeit genug für einen Ausflug." Wie immer brauche ich das nicht zweimal zu sagen, und kaum liegt unsere Finnmarken fest vertäut an der Kaimauer, sind wir auch schon für einen kleinen Landgang bereit. In den Scheinwerfern der Straßenbeleuchtung ist nicht viel vom Ort selbst zu sehen, aber aus vielen der kleinen und mittleren Häusern scheint das Licht durch die Fenster und auch auffallend viele Auslagen strahlen hell auf den Fußweg. In einigen Ecken liegen noch Schneehaufen, und in einer der kleineren Gassen ist es sogar noch richtig glatt, so dass wir uns gegenseitig festhalten müssen. Die Schaufenster gehören meist zu kleinen Kunstgalerien, und fast jede lädt mit offener Türe zu einem Besuch ein.

Das ist praktisch, denn drinnen ist es angenehm warm. Über Kunst lässt sich ja nicht streiten. Oder heißt es ‚lässt sich vortrefflich streiten'? Viele der Gemälde sind nicht eindeutig zu interpretieren, aber in einer Galerie finden wir viele Zeichnungen, die uns bekannt vorkommen. „Die Bilder hängen doch überall auf der Finnmarken in den Gängen!" erinnert sich Traudl. Und tatsächlich; der Kapitän, der unterwegs die Angel über Bord wirft oder der Koch, der ein Spiegelei brät, während die Henne entsetzt auf seiner Kochmütze sitzt und in die Pfanne schaut. Einige dieser Bilder auf dem Schiff habe ich doch sogar fotografiert, weil sie mir so witzig erschienen sind! Beinahe verlieren wir hier die Zeit aus den Augen, aber zum Glück drängen ein paar andere Galeriebesucher zum Aufbruch. Stimmt, die Herrschaften sind ja auch von unserer Gruppe!

An Bord wird uns schlagartig klar, dass wir etwas Wichtiges versäumt haben – das Abendessen. „Dann müssen wir heute mal zum Mitternachtsimbiss gehen!" bietet meine Frau nach kurzer Denkpause als Alternative an. Bingo – den haben wir bisher immer ignoriert; entweder waren wir um 23 Uhr schon im Bett oder mit Michael in der Bar gesessen, um auf Polarlicht zu warten.

Wir entscheiden uns, in der Zwischenzeit die abendlichen Tätigkeiten zu erledigen, also Tagebuch schreiben und Fotos durchschauen. Gegen halb elf machen wir uns auf die Suche. Wir fahren mit dem Aufzug auf Deck 8, finden aber statt eines Mitternachtsimbisses Michael und einige unserer ‚Sterne und Polarlicht'-Gruppe. „Gut, dass ihr kommt," lässt sich Angelika hören, die uns wegen ihrer ‚Größe' zunächst gar nicht aufgefallen war, „wir wollten euch beim Abendessen schon sagen, dass heute eine Spitzennacht für Polarlicht ist!" Gerade kommt Michael zur großen Glastür herein wieder in die Bar, schüttelt aber den Kopf. „Der Himmel ist klar, aber es ist noch keine Aurora zu sehen." Was sollen wir jetzt machen? Ich frage Traudl, was ihr wichtiger ist, Imbiss oder Nordlicht. „Natürlich

Nordlicht!" sprudelt sie heraus. „Einen Imbiss bekommen wir später auch noch!" Wenn sie sich da bloß mal nicht irrt, denke ich und greife gleich mal zu den Nüsschen auf dem Tisch.

Eine Viertelstunde später ist denn der große Moment da! „Kommt raus; es fängt an!" kommandiert Michael durch die halb geöffnete Glastür. So schnell war unsere Gruppe auf der ganzen Reise noch nicht auf den Beinen. Wir drängeln uns durch die Tür, Fotoapparate im Anschlag. Auf dem Außenbereich von Deck 8 hat Michael ein Dreibeinstativ aufgestellt, darauf prangt eine eindrucksvolle Spiegelreflexkamera. Er selbst ist nochmal nach innen verschwunden. Dann gehen die Lichter aus und wir starren in den Himmel. Tatsächlich, fast über das ganze Sichtfeld erstreckt sich ein grünliches Band am Firmament, das auch mal türkis und ein anderes Mal fast lila wird. Es erinnert mich ein bisschen an einige Gebilde in Tropfsteinhöhlen, die meist als Vorhänge bezeichnet werden.

Langsam wandert die Erscheinung mehr Richtung Heck unseres Schiffes, dann wird sie an Steuerbord wieder intensiver. ‚Soll ich fotografieren?' kämpfe ich mit mir selbst, aber ich habe nur meine kleine Schnappschusskamera in der Jackentasche. Von den ersten Versuchen des Kollegen vor ein paar Tagen abgeschreckt, entscheide ich mich dagegen. Ich lasse mich doch lieber von den realen Bildern am Himmel verzaubern.

Nach einer knappen halben Stunde lässt das Grün langsam aber stetig nach und wird vom Schein des Mondes schließlich geschluckt. Wir gehen wieder ins Warme und merken erst jetzt, dass wir ja gar keine angemessene Kleidung für die kalte Nacht dabeihatten. Aber es war einmalig; das muss man einfach mal gesehen haben!

Tranige Aussichten

Von Deck 8 begeben wir uns langsam wieder Richtung Kabinen, nicht ohne noch über DAS Ereignis von heute Abend zu diskutieren. „Stopp!" rufe ich, als wir im Treppenhaus auf Deck 7 vorbeikommen, Traudl zu, die schon mit zwei anderen Damen vorausgeeilt ist. Verblüfft bleibt sie stehen und schaut mich fragend an. „Das Mitternachtsbuffet! Schau, es gibt noch was!" Tatsächlich sind in der Lounge zwei Tische an der Wand noch mit Tellern voller Brötchen und einigen Salatschüsseln gedeckt. Wir lassen die anderen Sternenfreunde weitergehen und schnappen uns noch je einen Teller. „Die Reste kann man doch nicht vergammeln lassen!" gebe ich zu verstehen; allerdings bleiben nach unserer kurzen Stärkung noch fast genauso viele Brötchen und Salate übrig. Das muss bis zum Frühstück reichen!

~.~

Der nächste Morgen begrüßt uns mit strahlendem Sonnenschein. Die Berge haben wieder ihre weißen Mützen auf, ‚im Tale grünet Hoffnungsglück' würde sich Goethe hier wohl selbst zitieren, denn große Flächen sind schon ganz schneefrei und die Wiesen leuchten bereits hellgrün herüber. Die schroffen Felswände sehen teilweise so aus, als ob sie einfach abgebrochen und ins Wasser gestürzt wären.

Wir nähern uns wieder dem Polarkreis. „Ob es nochmal eine Taufe gibt?" überlege ich laut beim Frühstück. „Wer wird denn zweimal getauft?" kontert meine Gattin. Angelika, die sich zu uns an den Tisch gesetzt hat, weiß aber mehr: „Nein, es gibt keine Taufe, dafür aber eine Art Mutprobe. Kommt um 10 Uhr mit mir auf das Sonnendeck, dann werdet ihr schon sehen!"

Kurz vor 10 sind wir auch schon auf Deck 8. Wieder stehen die Tische da, wie bei der Demonstration der Königskrabben, und die Leute um die Tische herum. Auch der Bordreiseleiter ist da und greift zum Mikro: „In Norwegen bekommen schon die kleinen Kinder ihre ‚Wundermedizin' jeden Morgen, damit sie groß und stark werden. Außerdem schützt sie vor vielen Krankheiten und vor allem vor Erkältungen." Er wüsste auch, fährt er fort, dass in südlicheren Gegenden Europas die Kinder oft sehr widerwillig diese Medizin schlucken würden. Schließlich zeigt er eine Flasche herum, von denen rund ein Dutzend auf dem Tisch vor ihm stehen. ‚Möller's Tran – Omega-3' steht auf dem Etikett. LEBERTRAN. Na Mahlzeit! Wir sollen uns in einer Reihe anstellen, dann bekommt Jede und Jeder einen Löffel voll, und den Löffel dürfe sie beziehungsweise er als Nachweis der bestandenen Mutprobe behalten. Also ran an die vermeintliche Stärkung!

Ich finde den Geschmack gar nicht so übel, Traudl verzieht ihr Gesicht deutlich mehr. Und, wie versprochen, bekommen wir auch unsere Löffel, jeder mit der gelaserten Inschrift ‚I did the Arctic' und natürlich ‚Hurtigruten'. ‚Also wirklich,' denke ich, ‚es gibt Schlimmeres!' Was die Leute nur immer gegen Lebertran haben…

Die Sonne verlockt mich nochmal zu etwas, was ich auch auf der nordgehenden Strecke gemacht habe: Schwimmen gehen. Auch diesmal zieht es meine Frau vor, mit der Kamera daneben zu stehen und mir gegebenenfalls das Handtuch oder den Bademantel zu reichen. Also ziehe nur ich mich um und gehe im weißen Mantel und mit meinen Hausschuhen auf Deck 7, gefolgt von Traudl. Der Whirlpool ist gleich nicht mehr frei, denn ich strecke mich in dem wohlig warmen Wasser behaglich aus. Dann kommt noch eine Runde im Schwimmbecken, das ich jedoch nicht mehr für mich alleine habe. Zwei Damen stärkeren Kalibers ziehen schon ihre Bahnen, aber ich habe auch noch Platz. ‚Das ist schon krass,‘ denke ich ‚inmitten von Schneebergen zu schwimmen! Wenn wir zuhause auch schneebedeckte Berge neben unserem Schwimmbad hätten, würde ich dort sicher auch öfter zum Schwimmen gehen!‘

Besonders die ‚Sieben Schwestern‘ bilden eine gewaltige weiße Kette am Festland. Die Berge sind zwar nur ein paar hundert Meter hoch, sind aber vom Wasser aus sehr eindrucksvoll. Es sollen ja mal sieben Trolle gewesen sein, die sich nicht mehr rechtzeitig vor dem Sonnenlicht verkriechen konnten. Das habe ich doch schon bei den Lofoten gehört!? Vielleicht ist dann doch etwas dran an der Geschichte?

Dank Bademantel merke ich nicht viel von der doch sehr frischen Luft hier am Heck der Finnmarken. Aber jetzt, nach dem Sport, wird es Zeit fürs Mittagessen!

Die Mitte

Der nächste Hafen wird Brønnøysund sein. Das ist dann gleichzeitig der letzte Hafen, an dem wir von Bord gehen können, bevor wir morgen Früh das Schiff endgültig verlassen werden. Ich habe das Gefühl, dass mein Aufnahmevermögen langsam erschöpft ist; es hat auf der Reise schon so viele Eindrücke und Erlebnisse gegeben! Ich glaube, ich werde mich erst anhand der Fotos wieder an alles erinnern.

„Kommst du nicht mit?" erkundigt sich meine Frau erstaunt beim Einlaufen in den Hafen. Sie hat schon ihre festen Schuhe angezogen, Jeans und Jacke ebenfalls. Ich dagegen sitze noch in Hausschuhen und Trainingsjacke auf der Bettkante, unschlüssig, wem ich nachgeben soll: meinem Gefühl oder Traudl. „Eigentlich bin ich zu müde. Kannst du nicht mal alleine gehen?" bringe ich gequält heraus. „Ich gehe auf jeden Fall!" höre ich mit bestimmtem Unterton. „Dann nimm wenigstens die Kamera mit." empfehle ich meiner Frau und bin froh, dass meine Entscheidung nicht zu einer längeren Diskussion führt. „Vergiss nicht das Abendessen!" gebe ich Traudl noch als Zeitrahmen mit. „Geht doch gar nicht: Wir legen doch schon um 5 Uhr wieder ab!" belehrt sie mich. Dann ist sie fort.

Es ist das erste Mal auf dieser Reise, dass wir etwas getrennt unternehmen! Nun gut, ich werde schon einen ausführlichen Bericht bekommen. Aber was mache ich nun

die nächste Stunde? Erst mal ausruhen. Nach zehn Minuten wird es mir aber doch zu langweilig, und ich entscheide mich für etwas Exotisches – zumindest für meine
Verhältnisse: Ich gehe in den Fitnessraum! Sportlich gekleidet bin ich sowieso schon, ich muss mich also nicht
einmal umziehen. Mit Bordkarte und Handtuch bewaffnet,
mache ich mich auf den Weg. Auf Deck 8 ist außer mir
niemand bei den Trimmgeräten. Ich lege eine Etappe auf
dem Laufband zurück, aber immer mit dem Gefühl, in die
falsche Richtung zu laufen. Die Finnmarken soll ja nachher wieder gen Süden fahren, und ich bewege mich auf
dem Band eher nach Nordosten. Auf dem Fahrrad ist es
genauso, also breche ich diese Aktion nach zwei Kilometer wieder ab. In unserer Sternenbar gönne ich mir ein Bit-
terlemon zur Erfrischung und suche dann wieder unsere
Kabine auf.

Ich weiß nicht, wie lange ich auf meinem Bett gelegen bin,
aber plötzlich steht Traudl neben mir und grinst mich an.
„Du hast was versäumt!" Das klingt ungefähr wie ‚Strafe
muss sein‘. Ich rapple mich auf. „Erzähl!"

Zunächst holt sie den Fotoapparat aus der Jackentasche,
und macht es sich erst mal bequemer. Am Hafen hat sie
gleich ein Schild entdeckt mit der Aufschrift

Brønnøysund
<- Nordkap 840km   Lindesnes 840km ->

Wir befinden uns also genau in der Mitte Norwegens, zumindest in Nord-Süd-Richtung. Dann ist sie an einer Kirche vorbeigekommen, aus der Orgelmusik zu hören war. Natürlich ist sie hineingegangen und hat eine Weile zugehört, wie die Organistin geprobt hat. Sonst hat der Ort nicht viel hergegeben, darum ist sie auch schon bald wieder zurückgekommen.

Es dauert jetzt aber nicht mehr lange, da merken wir, wie sich das Motorengeräusch ändert. Wir sind wohl wieder in Fahrt. Der Blick aus dem Fenster bestätig es.

Auf dem Weg zum Abendessen machen wir noch einen Schlenker über die große Lounge im achten Deck mit ihren schrägen Fenstern. Da erst in einer halben Stunde die Türen zum Restaurant geöffnet werden, setzen wir uns in die bequemen Sessel und bewundern einen Berg, der auf einer Insel auf der Steuerbordseite in die Höhe ragt. Auch er gehört zu der Sorte von der man meinen könnte, sie sind senkrecht in der Mitte auseinandergebrochen und ein Teil davon ist wohl im Meer versunken. „Da ist ja ein Loch im Berg!" mache ich meine Frau auf den hellen Fleck mitten im Fels aufmerksam, der so aussieht, als könne man durch den Berg hindurch den Himmel sehen. „Sicher nur ein Rest Schnee!" hält sie entgegen. Aber einige andere Passagiere in der Lounge deuten auch auf den Berg, was sie sagen bleibt allerdings unhörbar.

Inzwischen ist das ‚Loch' wieder verschwunden, denn unsere Finnmarken kurvt um diese Insel herum. Ja, sie macht wirklich fast eine halbe Umrundung des Berges, so dass

wir nun auf die abgebrochene Seite des Riesenfelsens sehen können. Dabei steuert der Kapitän schon recht nah an
das Ufer der nächsten Insel heran. Und tatsächlich, auch
von dieser Seite wird nun das Loch wieder sichtbar; wir
können wirklich durch den Berg hindurchsehen. „Siehste,
von wegen Schneefleck!" triumphiere ich. Da das nun
dank der Umrundung des Felsens geklärt ist, brechen wir
jetzt Richtung Restaurant auf.

Schiff ade

Heute gibt es noch einiges zu erledigen. Da ist zunächst die Bordrechnung, die wir an der Rezeption begleichen müssen. Aber erst ab 21 Uhr, denn viele Gäste an Bord bestellen noch etwas zum Abendessen. So kommt auch mein alkoholfreies Bier noch als Letztes auf die Rechnung.

Zwei Schlangen haben sich bereits vor der Rezeption gebildet, aber als Nummer vier in meiner Reihe warte ich nur ein paar Minuten. Ob ich die Rechnung in Norwegischen Kronen oder in Euro haben möchte? Anhand meiner Bordkarte wird dem Computer eine, im Vergleich zu meinem Vormann, kurze Rechnung in Euro entlockt. Telefonate über das Telefon in der Kabine haben wir nicht geführt, und die Minibar haben wir auch nicht geplündert. Nur ein paar Bierchen und gelegentlich ein Drink an einer der Bars, das war es schon. Ich halte meine Kreditkarte der freundlichen Dame hinter der Theke entgegen. Und schaue auf den Endbetrag: umgerechnet minus 36 Euro!? „Wieso Minus?" frage ich. Auf englisch entgegnet sie mir, dass dies die Rückerstattung des Nordkap-Ausflugs sei. Der Ersatzausflug sei wesentlich billiger gewesen, und so bekommen wir nun sogar etwas zurück. Den Betrag zahlt sie mir lieber gleich in bar aus.

Wow, so eine Reise liebe ich, bei der man am Ende Geld zurückbekommt! Mit 36 Euro mehr in der Tasche statt einem saftig belasteten Kreditkartenkonto betrete ich wieder unsere Kabine und verkünde: „Wir können gleich die nächste Reise buchen!" Auf den fragenden Blick meiner Gattin hin erkläre ich ihr, wie ich zu dieser Euphorie komme. Auch Traudl studiert die Rechnung, und beim Posten ‚Minibar = 0 Euro' fällt ihr ein: „Wir dürfen unsere Einkäufe im Kühlschrank nicht vergessen!"

Mit dem positiven Gefühl, ein gutes Geschäft gemacht zu haben, legen wir uns schlafen. Dass wir die ganze Reise einschließlich der Ausflüge schon Wochen zuvor bezahlt haben, spielt jetzt auch keine Rolle mehr.

Die Einfahrt in den Hafen von Trondheim haben wir nicht mitbekommen, erst beim Anlegen sind wir aufgewacht. Die Sonne schaut gerade über den Horizont und will wohl sicherstellen, dass wir das Ende der Reise nicht verpassen. Das letzte Frühstück an Bord schmeckt etwas schal, was aber an einem nicht zu unterdrückenden Trennungsschmerz liegt. Die ersten unserer Sternenfreunde wollen sich schon voneinander verabschieden, aber Angelika bremst sie: „Bis Oslo bleib ihr noch zusammen. Erst dann trennen sich eure Wege. Nur ich bleibe an Bord bis Bergen." Ob wir alles bezahlt haben, ob wir auch nichts in den Schränken gelassen haben, ob wir den Kabinensafe offengelassen haben, ob …, ob …. „Wir sind doch keine kleinen Kinder!" gebe ich zu bedenken. Aber es wird doch fast auf jeder Reise etwas vergessen, meint Angelika fürsorglich. Auf Wiedersehen, Angelika!

Um 9 Uhr verlässt unsere Gruppe ‚Sterne und Polarlicht' geschlossen die Finnmarken, denn es soll mit dem Bus zum Flughafen gehen. Mit unseren Koffern im Schlepptau hasten wir zum Bus, der am Kai auf uns wartet. Es regnet. Der Himmel ist also auch wegen unseres Reiseendes traurig. Nach uns kommen noch alle anderen Sternenfreunde, einschließlich Michael, der nun die Reiseleitung übernommen hat.

Da unser Flug nach Oslo erst am Mittag geht, macht unser Bus noch einen Stopp am ‚Nirosta'-Dom, der ja eigentlich Nidaros-Dom heißt. Die Freizeit nutzen wir, um jetzt mal ins Stadtzentrum zu gehen, auch wenn es noch leicht sprüht. Ein Stück die Hauptstraße entlang, und wir stehen vor einem großen blauen ‚i', der Tourist-Information. „Jetzt kommst du doch noch zu deiner Jugendstil-Info!" stelle ich fest, da Traudl es ja schon bei unserem Besuch in Trondheim vor einigen Tagen bedauert hat, dass wir das Gebäude nicht gesehen haben. Es ist auch wirklich anders als die einfachen Häuser ringsum, die teilweise wie Lagerhallen aussehen; Jugendstil eben, aber nicht so reich verziert wie die Häuser in Ålesund, sondern rein weiß.

Ein paar Meter weiter, und wir stehen am zentralen Platz von Trondheim. Eine Ecke der Kreuzung nimmt ein modernes Kaufhaus komplett ein. Innen stellt es sich aber größtenteils als Einkaufspassage heraus, mit vielen kleinen Kneipen, Boutiquen und Deko-Läden. An der Apotheke bleibe ich stehen. „Ob ich mir noch ein Nasenspray kaufen soll?" versuche ich mit Traudl zu klären. „Brauchst du das wirklich?" kommt prompt die Gegenfrage. Ich weiß, dass ich im Flugzeug immer große Probleme bekomme. Meine Ohren sind stets für mehrere Stunden nach der Landung fast taub, da ich den Druckausgleich meist nicht schaffe. Irgendwann sticht es mich dann fürchterlich im Gehörgang, und dann ist wieder alles in Ordnung. In der Apotheke erstehen wir also ein abschwellendes Nasenspray, und das stecke ich vorsichtshalber gleich in meine Umhängetasche; nicht, dass ich es am Flughafen noch im Koffer mit aufgebe!

Schließlich fahren wir weiter zum Flughafen. Die Prozedur kennen wir: Einchecken, Koffer aufgeben, Sicherheitskontrolle. Keine Beanstandung wegen des Fläschchens mit Nasenspray! Warten auf den Aufruf, Sitzplatz im Flugzeug suchen, ein etwas holpriger Start und schon sind wir dem Himmel näher. Von oben schauen die Wolken herrlich aus, warum muss es darunter meistens regnen?

Der Flug nach Oslo dauert gerade mal eine Stunde. Dafür haben wir am Flughafen über zwei Stunden zum Totschlagen. Unsere Gruppe hat sich größtenteils verabschiedet, denn ein Teil fliegt nach Berlin, ein anderer nach Düsseldorf. Wir wollen nach München, wie Michael auch. Die letzten Norwegischen Kronen werden in ein paar Süßigkeiten investiert; wer weiß, ob wir heute noch etwas zu essen kriegen.

Unser letzter Flug startet auch wieder pünktlich, dauert aber fast drei Stunden. Als wir im Sinkflug schon dem bayerischen Boden wieder sehr nah sind, sehen wir den hell erleuchteten Flughafen von München schräg unter unserem Fenster liegen. „Gleich sind wir da!" stellt meine bessere Hälfte fest. Ob unser Sohn schon wartet? Er hat uns zugesagt, für den Transport nach Hause zu sorgen.

Die Heimat hat uns wieder! Und wir unsere Koffer hoffentlich auch gleich. Ein Griff zum Handy, und wie verabredet schicke ich eine SMS an unseren privaten Taxidienst. ‚Sind in München. Warten auf Koffer.'

Auch diesmal läuft alles gut, kein Teil ist verloren gegangen. Bisher hatten wir immer Glück. Während ich den zweiten Koffer vom Band zerre, macht es bei mir ‚Piep'. Aha, mein Handy meldet eine eingegangene Nachricht. ‚Dreh dich mal um!' Nanu? Ich tue aber wie mir geheißen wird. „Schau mal!" rufe ich Traudl in der lauten Halle zu und deute auf die Glaswand, die den Raum mit den Gepäckbändern von der Außenwelt trennt, in der die Abholer warten.

Da steht doch glatt Sohnemann mit Frau hinter der Glasscheibe, und sie winken uns grinsend zu.

~.~.~.~.~.~.~

Bisher erschienen vom selben Autor

Herbert Alt schildert anhand seiner Erfahrungen auf humorvolle Weise, wie Kreuzfahrt geht. Dabei beginnt die Reise nicht etwa erst an Bord, sondern schon mit der Entscheidung, wer für ein derartiges Abenteuer geeignet ist. Durch die vielen wirklich erlebten Anekdoten ist dieses Buch als leichte Lektüre auch noch nach einer Kreuzfahrt bestens geeignet.

ISBN 9-783746-012513